◆中华传统美德修养文库◆

团结友爱

徐潜　栾传大　主编

吉林文史出版社

图书在版编目(CIP)数据

团结友爱 / 徐潜,栾传大主编. ——长春:吉林文史出版社,2008.4(2021.11 重印)

(中华传统美德修养文库)

ISBN 978-7-80702-832-1

Ⅰ. ①团… Ⅱ. ①徐… ②栾… Ⅲ. 品德教育—中国—通俗读物 Ⅳ. D648-49

中国版本图书馆 CIP 数据核字(2008)第 051021 号

丛 书 名　中华传统美德修养文库

TUANJIEYOUAI

书　　名　团结友爱

主　　编　徐　潜　栾传大

选题总策划　徐　潜

项目负责　王尔立

责任编辑　张雅婷

责任校对　李洁华

装帧设计　韩璘工作室

出版发行　吉林文史出版社

地　　址　福祉大路出版集团A座

网　　址　www.jlws.com.cn

印　　刷　三河市燕春印务有限公司

开　　本　690mm×960mm　1/16

印　　张　8

字　　数　50 千字

印　　次　2021 年 11 月第 10 次印刷

书　　号　ISBN 978-7-80702-832-1

定　　价　30.00 元

总序

中国是礼仪之邦,是世界四大文明古国之一,有唯一历史发展不曾中断的记录。从公元前841年西周共和年代起迄今3000多年中所有的历史事件都有文字记载。在悠久的历史进程中积淀了丰富的文化遗产,形成了厚重的中华传统美德,至今仍滋润着她的子孙。在改革开放的新形势下,我们大力弘扬中华民族传统美德和优秀的人格修养,对于提高全民族的精神文化素质,提升国家的软实力,具有深邃的价值和深远的影响。

首先,它有利于协调人际关系。“和为贵”是中华美德的基本信条之一,建设社会主义和谐社会首先就要处理好人与人之间的关系，改善社会风气，使整个社会洋溢着和睦、和谐的氛围。这也是中华民族绵延几千年不断发展进步的重要思想基础。

第二，它有利于培养民族精神。“自尊，自立，自强”是中华民族的传统精神，民族精神是一个民族赖以生存和发展的精神支撑。中华民族之所以历经各种各样的磨难，仍然能够不屈不挠、昂首挺胸地走过来，就是因为以爱国主义为核心的团结统一、爱好和平、勤劳勇敢、自强不息的伟大民族精神在支撑、推动着我们民族的进步和发展。

第三，它有利于推动社会进步。“大同”社会是中华民族的传统理想，几千年来，中华民族传统美德促进了中国社会的文明与进步，使我国保留了令世人瞩目的灿烂文化。从原始社会、封建社会到近代社会，再到建立社会主义制度、推进社会主义现代化建设的今天，中国之所以能够不断发展进步，中华民族传统美德和优秀的人格修养发挥了重要的引领和推动作用。

中华民族的传统文化源远流长，是中华民族的灵魂，其精髓就是中华民族传统美德和人格修养。这是我们民族世世代代传承下来的瑰宝，几千年来不同时代先辈们身体力行，生生不息，中华民族传统美德深深植根在中华儿女的心里，融进血液中，也是现今中国人言行的准则，成为我们民族能够屹立于世界民族之林的重要根基。

今天，我们的祖国前进在改革开放与建设社会主义和谐社会的征程上，八面来风带来了全球各国的文化传统和社会价值观，信息传输手段的多元化以及国际交流日益频繁等，各种思潮和思想纷纷涌入国门，中华传统美德和人格修养也面临着能否与时俱进、继续在当代中国人的精神家园中占据主流地位的挑战。2006 年 3 月，党中央提出了"八荣八耻"的社会主义道德观和价值观，党的十七大又提出了"弘扬中华文化，建设中华民族共有精神家园"的方针，从历史与现实结合的高度充分肯定了中华传统美德和人格修养的历史价值，也表明了弘扬传统美德和人格修养的重要意义。

本书以讲历史故事的形式生动形象地按类讲述中华传统美德的经典事例，寓道理于故事之中，化物于无形，使青少年能在轻松愉快的阅读中潜移默化地接受美德的熏染，陶冶心灵,感受中华民族传统文化的博大精深,了解中华民族传统美德的根深叶茂,为是中华美德造就的现代中国人而自豪,更深刻地理解走有中国特色的社会主义道路的必然性。从而激发人们建设美好社会,建设美好家园,建设新生活的冲天豪情。

前 言

从广义上看，团结友爱是中华民族传统美德和人际关系的伦理准则，是华夏社会和炎黄子孙繁衍不息、繁荣昌盛、稳定统一的精神力量和道德支柱，是形成民族自强力、凝聚力和向心力的美好风尚，是以优秀传统文化和民族心理为内涵实质的崇高的境界情操。

团结友爱作为一种社会的公德和准则，在中华民族历史发展过程中已经形成了优良传统，并逐步发展成为道德理论的体系。

团结友爱作为一种优良的道德思想和道德行为，表现在社会历史生活各个方面、各个层次、各个领域。这里有的是兄弟之间，骨肉相依；有的是朋友之间，亲如手足；

有的是君臣之间，同心同德；有的是民族之间，和睦相处；有的是国家之间，共同发展。

在中国历史发展中，流传着许多团结友爱、精诚互助的故事，像“管仲与鲍叔牙”“萧何追韩信”“诸葛亮集思广益”等等，都生动体现出团结友爱的美德。

从一个人的生活角度看，只有善与人处，能与人合作，才能求得进步，求得发展，求得事成。所以，民间世代流行许多的谚语格言，像“一人有事，众人相帮”“一个篱笆三个桩，一个好汉三个帮”等等，就是对劳动人民团结互助道德品格和生活经验的总结和概括。

目 录

周武王灭商兴周

武王，名姬发，文王次子。因文王长子伯邑考被商纣王残杀，所以，文王病死了，由他即位。

姬发继位后，继续任用姜子牙为国相，以兄弟周公旦、召公奭为助手，进一步整顿内政，团结各种势力和人士，不断增强军力，为兴兵伐纣做好准备。

即位第二年，周武王姬发

在孟津（今河南省孟县南）大会诸侯，检阅伐纣的军容和士气。到会的有八百多个小国诸侯，军旗招展，战车成阵，刀枪闪光，威武雄壮。在周武王讨纣灭商的旗号下，各国诸侯军同仇敌忾，众志一心，进行了大规模的征战演习，增长了武王出军获胜的信心。

两年后的春天，周武王亲自率领战车三百辆，虎贲三千人，甲士四万五千人，联合各小国的兵力，向东进军，出潼关、渡孟津，在黄河北岸驻扎，战旗蔽日，鼓角震天，声势浩大。

为了增强兵力，周武王还在孟津会合庸、蜀、羌、髳（苗）、微、卢、彭、濮八个西南部族，联军并阵，相互呼应，共同战斗。大军进至距商都朝歌七十里的牧野（今河南淇县西南），又举行了威震四方的誓师大会。刀枪林立，军容肃然。周武王登上誓坛，宣读名叫《泰誓》的誓词。他两眼炯炯，声如洪钟，对全军将士说道："商纣王昏庸残暴，专横狠毒，虽然有亿万奴隶，但全国上下离心离德，思想不统一，信念不一致，步调不协调；我有治国能臣十人，思想统一，信念一致，为伐纣灭商千军万马英勇向前！"他望着如林如云的战车和士兵，又慷慨激昂地勉励将士："大家要团结一心，为同一目标战斗，一定会取得胜利，一定会建立功勋，并让天下永享太平！"士兵们听了激荡人心的誓词，备受鼓舞，斗志大振。周军与商军大战于商都郊外，这就是历史上著名的"牧野之战"。

当时商军主力远在东南战场，一时征调不过来。纣王便把大批奴隶和从东南夷捉来的俘虏武装起来，开往前线。在激烈的战斗中，商军奴隶兵都不愿为纣王卖命，纷纷在阵前掉转戈头，发动起义，配合周军攻入商都朝歌。纣王见商军被杀得遗尸遍野、血流成河，大势已去，无可挽回，便怀着绝望和凄惶独自登上鹿台，用大量的玉璧围堆在身边，然后点火自焚，商朝灭亡了。

姬发灭商后几天，登上小山俯看商的都城朝歌，只见朝歌建筑雄伟，气势十分浩大。武王两眼凝视远方，心中不禁想到：如此强盛的商朝，延续了数百年之久，只因为失去了民心，朝野离心离德，顷刻之间就被灭亡。赢得民心，同心同德是太重要了。

为了巩固周朝，稳定局势，团结国内各种力量，周武王以公、侯、伯、子、男五等爵位分封亲属和功臣。为了安抚商朝的残余势力，姬发又将纣王子武庚封为殷侯，留在殷都。

殷商旧王朝与民众离心离德，终于败亡；姬发新王朝与民众同心同德，夺得胜利。两相对照，说明国家民族内部团结、一心一德，非常重要。

孔子杏坛讲学

山东曲阜是孔子的故乡，现在孔庙主体院落大成门内，有一棵挺拔高耸的桧树。相传这是孔子亲手栽下的。桧树北面就是黄瓦朱柱，彩绘精致，小巧玲珑的杏坛。坛前有四棵杏树，相传这是孔子当年坐在坛上弦歌讲学，弟子读书的地方。

孔子经常对学生启发诱导、教育弟子要团结友爱。他的弟子子路在孔子的教导下，谈出了自己的志愿：“我愿意和朋友有福同享，自己的车马、衣裳都可以让给朋友用，用坏了也不要紧。”弟子颜渊说：“我希望自己不骄傲自夸，不炫耀自己的成绩。”弟子们纷纷谈出了自己志

愿后，又问孔子："老师，您的志愿是什么呢?"孔子不假思索地回答说："我希望老年长辈能生活得安适，平辈朋友能互相信任，少年晚辈能得到关怀爱护。"后来，孔子就以这种救世济人的抱负，率领弟子们周游列国，劝告各国诸侯施行仁政。

孔子 73 岁那年病死，弟子们十分悲痛。就在他的坟前搭棚连住了三年，表示哀悼。子贡甚至一共住了六年。弟子们认为，孔子就像江水洗过，太阳晒过那样洁白光明。他们牢记孔子的教导，刻苦修炼自己，使自己成为受人民爱戴的人。

齐景公欲速不达见深情

齐景公（？—前490），名杵臼，春秋时齐国国君，公元前547年—前490年在位。

这一年，齐景公到少海出游。游兴正浓的时候，突然有人从国都赶来报告，说："国相晏婴得了重病。如果国君不能马上回京，恐怕就见不到他了！"景公听了，急得不知所措。半天，才回过神来，命令最好的马车夫韩枢驾着最快的骏马繁驵，立即赶回京都。

韩枢使出了浑身的解数，繁驵奔驰如飞。顷刻之间，已行了数十里路。然而，景公仍觉得车子太慢。他夺过了韩枢手里的鞭子和缰绳，亲自驾驭起来。嘴里还不住地叨念："晏婴啊晏婴，我的好爱卿，我说什么也得见上你一面！平仲啊平仲（晏婴的字），我的好帮手，我就要赶到你的身边！繁驵啊繁驵，都说你是千里马，原来却是这般模样！像你这样迟缓，什么时候才能见到晏婴！"

其实，繁驵很懂人情，像知道国君的心思，"呼哧"、"呼哧"地喘着，简直不是在跑而是在飞。然而，景公仍感觉它跑得很慢，甚至觉得根本没有前进。景公失态地喊道："下车，下车！"韩枢不知是怎么回事，煞住车子。只见景公径直向京都方向跑去……

马跑得快呢，还是人跑得快呢？当然是马啊！虽然齐景公像小孩子似的办了"傻"事，欲速则不达；但是，病中的晏婴如果知道了他的国君如此为他犯"傻"，不知该怎样感激涕零呢！

齐景公身为齐国国君，心里能这样装着他的臣子，这是怎样深重的君臣之情啊！

伯牙和子期

春秋时期，有个楚国人姓俞名瑞，字伯牙，在晋国做官，很善于弹琴。《学记》中曾有："伯牙鼓琴，而六马仰秣。"有一年，他到楚国去办事，顺便回家探望多年未见的亲友。

伯牙坐的船开到汉阳江口，因遇大雨无法继续前进，停泊在一座山脚下。过不多时，雨停了，江面上风平浪静，天空出现一轮明月。面对如此优美的景色，伯牙兴致大发，对书童说："点一炷香，把琴拿来，我要弹琴。"伯牙接过琴，调好弦，专心地弹了起来，弹了好一阵，他猛一抬头，发现岸上的岩石下面有个人影，一动不动地站着，他吃了一惊，“啪”地一声，一根琴弦断了。伯牙很疑惑，叫童子去问船夫，这儿是什么地方？船夫答道：“刚才躲避风雨，停泊在山脚下，这里没有人家。”伯牙更加疑惑，心想：如果这里是集镇或大村庄，还说不定会有人听得懂我的琴，而在这荒郊野外，怎么会有听琴的人呢？或许是强盗要拦路抢劫吧！想到这里，他心里慌乱起来，不禁颤声喊道：“捉贼啊！岸上有贼！”船上的人都被惊动了，涌出船舱，准备上岸去。这时，只听岸上的人用平静的口气向伯牙喊道：“船上的先生，请不要疑心，我不是贼，是樵夫。今天打柴回来晚了，遇到暴风雨，就在这岩石下避雨，正听到船上有人弹琴，弹得太好了，我就一直站在这里听着。”伯牙听了这话，总算镇静下来。但接着却又说：“我在朝廷中做了多年官，找不出一个真正能听懂我弹琴的人。你一个乡野樵夫，也配听我的琴么？”岸上的人哈哈大笑，说道：“先生，你错了。常言道：‘门内有君子，门外君子至。’你以为荒山中一定没有能听懂琴的人么？那么请问，在这深更半夜里，为什么荒山脚下却有弹琴的人？”伯牙被问住了，他沉默了一下，便走近窗口，提高声音说：“你既然是听琴的，那么你说说看，我刚才弹的是什么曲子？”那人笑答：“你刚才弹的是孔夫子赞叹颜回的那首曲子。歌词是：可惜颜回命早亡，教人思想鬓如霜，只因陋巷箪瓢乐’，你弹到这里，琴弦断了，没再弹下去，我记得第四句是‘留得贤名万古扬！’”

伯牙听罢大喜，忙把那人请上船来，只见他头戴斗笠，身披蓑衣，脚穿草鞋，背着一捆柴，腰间别着一把斧子，地道的樵夫打扮。

伯牙请那人在自己对面坐下，又叫书童端上茶来。他想，这个樵夫到底能懂多少音乐呢？我来试试他。于是他问：“从前孔夫子在房间里弹琴，颜回听到琴声中低音幽沉，就问孔夫子是否有什么不高兴的事。孔夫子说：‘我弹琴时，看见一只猫在捉老鼠，我希望它能捉到，又担心到嘴的食物跑掉，这为猫担心的心情，不知不觉地在琴声中流露出来了。’这个故事说明，同一支曲子，弹奏时的心情不同，效果也会不同。如果我弹琴的时候，心里也在想什么，你能听出来吗？”樵夫说：“你先弹一曲，我试着听听，若猜得不对，请不要见怪。”伯牙调好琴弦，想起高山的雄伟姿态，开始弹奏起来，樵夫凝神听着，脸上

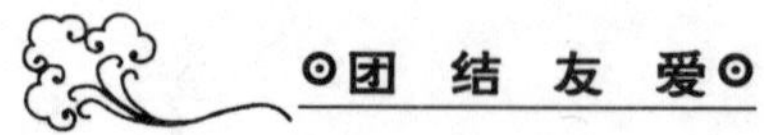

现出愉快的表情，仿佛整个身心都沉浸在庄严优美的旋律中。一曲完了，他轻轻拍着桌子，赞叹地说："气势多么磅礴啊，好像雄伟的泰山一样。"伯牙听了不动声色，他沉思片刻，想起浩浩荡荡的江河又继续弹奏了一曲。琴声刚停，樵夫便高兴地站起来，连声称赞道："好极了！就如同烟波浩淼广阔无边的江河！"伯牙万万想不到自己的心意，竟完全被樵夫猜到了，他惊喜万分，赶忙站起身，紧紧握住樵夫那粗壮的大手，激动地说："美玉原来是藏在石头中的啊！我怎能凭地位、衣着来看人呢？太蠢了，太蠢了！多少年来，我一直梦想着会有一个能真正听懂我的琴、了解我的志趣的人，今天，我找到了，找到了！这人就是你呀！"

这樵夫姓钟名子期。从此，伯牙和子期成了知心朋友。后来伯牙又一次来访子期，却听到子期不久前病故的噩耗。伯牙悲恸至极，在子期的坟前将琴摔碎，说是子期死后，再无知音之人了，他也不再弹琴了。

伯牙、子期的相知，被传为千古佳话，后人慨叹道："昔伯牙绝弦于钟期，……痛知心之难遇也！"

管仲与鲍叔牙

管仲和鲍叔牙是春秋时期齐国人。他俩自幼贫贱结交，相互间非常了解，非常知心。

管仲和鲍叔牙都勤奋好学，知识渊博，成了当时才华出众的名人。管仲做了齐公子纠的老师，鲍叔牙做了齐公子小白的老师，两人各保其主。后来，齐公子纠和齐公子小白因争夺君主地位，互相残杀起来。公子小白胜利了，当了齐国的君主，叫齐桓公。而公子纠被逼自杀，管仲被俘，成了阶下囚。齐桓公准备处死管仲。鲍叔牙这时已做了齐国的宰相，他千方百计地解救管仲，并向齐桓公推荐管仲说：“管仲的才能大大超过我，要使齐国富强起来，

非重用他不可。”齐桓公听了鲍叔牙的劝告，用最隆重的礼节，请管仲当了齐国的宰相。而鲍叔牙反而成了管仲的助手。两人同心辅政，齐桓公很快成就了霸业。九次大会诸侯，使齐国成了春秋时期五个霸主中最早和最有名的一个。

管仲功成业就，十分感激知心朋友鲍叔牙，逢人便颂扬鲍叔牙的美德。他说：“我起初在困难时，曾和鲍叔牙一起经商，分财利时，我自己多分，鲍叔牙不认为我贪财，因为他知道我贫困。我曾经给鲍叔牙计划事情，可是没有计划好，把事情办糟了，鲍叔牙不认为我愚笨，他知道时机有时顺利有时不顺利。我曾经三次做官，三次被君主赶走，鲍叔牙不认为我品行不好，他知道是我没遇到好时机。公子纠兵败身亡。我被关进囚车受到各种侮辱而我没有自杀，鲍叔牙不认为我没有羞耻，他知道我不以小节为羞耻，我所耻的是功名不显于天下啊！真是生我的是父母，知我的是的叔牙啊！”

管仲和鲍叔牙共同辅佐齐桓公长达四十余年，为齐国建立了不朽的功业。他俩互相知心知意，团结合作的美德为后人所称颂。

伍举与声子两代世交

春秋时代，楚国的伍参和蔡国的子朝是很好的朋友。两家之间交往也很密切，他们的儿子伍举和声子从小相识，两代世交，结成了深厚的友谊。

伍举长大后，娶了王子牟的女儿为妻。此后王子牟因犯法获罪，逃亡到国外去。这件事株连了伍举，伍举被迫逃往国外。他觉得晋国很安全，于是夜以继日地赶路去投奔晋国。

一天拂晓，伍举很早起身，背起简单的行装出发了。当他路过新郑郊外的时候，忽听背后有人叫他。回头一看，不禁又惊又喜。原来叫他的人是声子。这两位从小相

亲而多年不见的好朋友，竟会在异国的土地上突然相逢，彼此都感到十分高兴。

于是，他们就折下路边的荆条铺在地上，相对而坐，同时拿出干粮来边吃边谈。伍举更是百感交集，想起了过去的往事；而如今，有家不能回，流浪在外，不禁眼圈红了。声子便问他："兄长，你怎么到这儿来了？"伍举听到这，泪水涌出，便把自己不幸的遭遇告诉给声子。他哭着说："岳父的事情，我并不了解。我完全是无辜的，今天又被迫离开楚国，不知道何年何月才能重返家园！"声子听了，对朋友的遭遇非常同情，就安慰他说："兄长，你去吧，这次我也要到晋国去，正好和你同行。你先暂时在晋国住下来，我一定尽最大的努力，帮助你重新回到楚国！现在你要振作精神，以后才能有更大的发展！"

当时，晋、楚两国为了争夺中原地区的霸权，经常发生战争。在伍举投奔晋国后不久，声子被派到晋、楚两国去调解两国之间的关系。声子在晋国办完公事以后，就高兴地去看望伍举，并对他说："兄长，回国的时机快要到了，你耐心地等着听我的好消息吧！"伍举紧紧握着声子的双手，感激得说不出话来，两行热泪不禁夺眶而出。

声子告别伍举后来到楚国。他始终记着伍举的事，寻找一切机会帮助伍举。一天，令尹子木问他："晋国的大夫中人才多不多?"声子灵机一动，计上心来便说："多得很！个个才华出众，楚国是根本比不上的。"子木问："他们是怎么物色到的?"声子说："用不着物色，这些人都是从楚国跑过去的。"子木奇怪地问："楚国的人怎么肯为晋国所用呢?"声子说："楚国用刑太滥，有才能的贤人经常无辜得罪，都逃亡到晋国去。"声子接着说："现在楚国的贤大夫伍举就是被迫出走的，他的岳父王子牟犯了法，本来同他毫不相干，却诬枉他，伍举无法申辩，只好逃亡到晋国去。如果他假手晋国来报私仇，楚国就休想太平了。"

子木听罢，心里十分惊慌，马上请楚康王赦免伍举，并宣布增加他的爵禄，派人到晋国去接他回来。伍举明了这一切，都是声子的功劳，只有声子帮助他，才使他终于回到了楚国。伍举对声子非常感激，他们的友谊更加深厚了。

此后，他们两家世代亲近和睦，伍举和声子的友谊，也流传后世，传为佳话。

信陵君与赵国处士

信陵君魏无忌，是魏安厘王的异母弟，战国时期著名的四公子之一。

他窃符救赵，调动魏军迫使围攻赵都邯郸的秦兵退却，受到赵国上下的称颂。但担心兄长魏王追究窃取兵符的罪责，便在赵国长期地住了下来.

信陵君，礼贤下士，善识人才，广交好友，天下闻名。留赵后，他仍四处招纳贤士，交结五湖四海的朋友。当他听说赵国的处士（不做官的士人）毛公、薛公素有贤才，胸有谋略，颇有远见，便派人去召请。但毛、薛二人有意躲避，不肯来见信陵君。信陵君托人四处查寻，听

说毛公藏身于赌徒之中，便一个人秘密地到赌徒中去察访，终于结识了毛公。又打听到薛公藏身于卖酒人家，于是又独自悄悄地到卖酒人家去寻访，终于也结识了薛公。

信陵君每日与毛、薛二公促膝交谈，论及天下得失之事，二公侃侃而谈，识见高远，睿智启人，信陵君颇得教益，遂引为知己。

赵惠文王的兄弟平原君，得知信陵君不顾自己身份经常出入赌徒之中和卖酒人家，便对自己的夫人说："以前听说你弟弟信陵君为人出类拔萃，天下无双；今天看来，是徒有虚名，实际上是个行为荒唐的人！"平原君夫人把丈夫的一番话转告信陵君，信陵君听后不禁一笑，说道："看人识士，不能仅仅看出身门第。我在魏国时，就听说了毛、薛二公的贤名英才，十分仰慕；来赵后，便一直渴望拜识。为了实现这个心中愿望，才不顾身份出入那些地方。既然平原君耻笑我，不愿与我这行为荒唐的人为伍，我也该知趣离开这儿了！"平原君听说信陵君要走，知道自己说错了话，便亲自登门谢罪，盛赞信陵君知人交友的美德，并再三挽留信陵君。于是，信陵君仍留赵国，名望更大了，许多贤人学士纷纷投到他的名下。

信陵君留赵达十年之久。秦国见信陵君不再归魏，便乘机发兵攻魏。魏王急忙派人赴赵请信陵君回国。信陵君恐怕魏王未必能原谅他过去的窃符之罪，所以不准备归魏。他还告诫下人：有谁敢为魏王使者通报，立即处死！门客大多是跟随他离开魏国而在赵国定居的，他们考虑到自己的利害，谁也不敢去劝说信陵君。

这时，毛、薛二公，却不避杀头之险，挺身而出，坚决要求拜见信陵君陈述自己的意见。信陵君见到毛、薛二公很生气，责问他们：你们不知我的告诫吗？你们要置我于死地吗？毛、薛二公毫不畏惧，凛然正色地说："公子知遇我等，视为知己，谊重如山；做真朋友就要为朋友大处着想。我们正是为公子的前途名誉才挺身冒死来谏的。请公子想一想，现在魏国有难而公子不愿救难，公子是魏国人，魏王是公子的兄长。倘使秦军破了大梁，灭了魏国，那时公子有何面目见天下人？"这一番慷慨陈词，说得公子幡然醒悟，心中受到了深深的触动。他连连赞叹地说："对啊！你们说得太好了，真是令我茅塞顿开的良师益友啊！"

于是，信陵君动身归救魏国。魏王见了信陵君，不仅不追究盗符之事，还把上将军的印信授给信陵君。信陵君接受任命后，派使者遍告诸侯。诸侯各国听说魏国的信陵公子为将，觉得破秦大有希望，欣然同意遣兵协助。信陵君率齐、楚、赵、韩、燕、魏六国联军，大破秦军于黄河之南，打退秦将蒙骜，乘胜追击，直逼函谷关。

这样，信陵君威震天下。人称他“天下无双”，称他的兵法为“魏公子兵法”。信陵君却深感毛、薛二公关键时刻的教导之情，深感诤友良师的重要。

蔺相如与廉颇和好

战国时期，赵国有个大将廉颇。能干功高，但骄傲自大，争名争位。

他对地位已经超过自己的蔺相如很不服气，常对人说："我是赵国的大将，有攻城守地的大功。而蔺相如过去是个下贱人，只凭着卖弄唇舌就爬至我的头上！我真羞愧在他的名下。"说着，又猛地一扬头，发誓说："我见到蔺相如，一定羞辱他，否则我不姓廉。"

蔺相如听到了廉颇的话，知他正在气头上，就有意躲避着他，不肯与他见面，国王召集文武大臣上朝，相如常常称病不去。

有一天，蔺相如坐车出门办事，走到穿城街。他远远望见廉颇也坐着车，从对面走来。相如急忙叫车夫把车拐到胡同里，躲藏起来，等廉颇走过去，才把车退出来，继续往前走。

门客们对蔺相如回车避见廉颇的做法实在看不惯，就找到他说："我们离开亲戚朋友，到您这里办事，是羡慕您智勇双全，道义高尚。如今您的地位在廉颇之上，他说您的坏话，您不回击，您见到了他，像老鼠见了猫，又是躲，又是藏。一般老百姓也受不了这个窝囊气，您身为上卿，却一点也不感到羞耻。我们可忍不下去，请让我们走吧。"

蔺相如好言好语劝留他们说："你们说，廉将军与秦王比较起来，谁厉害？"

门客们答道："当然是秦王厉害。"

相如点点头说："是啊。秦王那么厉害，我敢在大庭广众之下痛斥他，侮辱他的左右大臣。我虽然很愚笨，难道独独怕一个廉将军吗？我考虑的是，强大的秦国之所以不敢侵犯赵国，是因为有我们两人在，一文一武，同心协力，团结得好。如果我们俩像两只老虎，互相争斗，你死我伤，那正是敌人所希望的。我对待廉将军，是把国家的安危放在前面，个人的成见放在后面。"

蔺相如的话，很快传到廉颇的耳朵里。他坐立不安，越想越受感动，内心十分惭愧。于是他脱掉上衣，光着膀子，背上荆条，跑到蔺相如家里，跪在蔺相如面前，痛哭流涕地说："我心胸狭窄，为个人名位斗气。没想到上卿品质这么高尚，以国为重，宽以待我。我实在对不起你，特来向您请罪。"

蔺相如慌忙把他扶起，也十分感动地说："我是个卑贱的人，没料到将军严以责己，宽宏大量到这等地步啊！"

从此以后，两个人变成了同生死，共患难的好朋友。他们团结一致，文武配合，为国效力，使秦国不敢轻举妄动攻打赵国。

萧何追韩信

项羽分封诸侯以后，汉王刘邦带着人马来到封地南郑（今陕西汉中东）。

汉王到了南郑，拜萧何为丞相，曹参、樊哙，周勃等为将军，养精蓄锐，准备和项羽争夺天下。但他手下的兵士们却都想回老家，差不多每天都有人开小差逃走，急得汉王连饭也吃不下。

有一天，忽然有人来报告："萧丞相逃走了。"汉王急坏了，真像突然被人斩掉了左右手一样难过。到了第二天早晨，萧何回来了。汉王见了他，又气又高兴，问他："你怎么也逃了？"萧何说："我怎么会逃走呢？我是专追

逃走的人呀。”汉王又问：“你追谁呢?”萧何说：“韩信。”

萧何所说的韩信，本是淮阴人。项梁起兵后，路过淮阴，韩信去投奔他，在楚营里当个小兵。项梁死了，又跟项羽，项羽见他比一般兵士强，就让他当了个小军官。

韩信好几次向项羽献计，项羽都没有采用。韩信十分失望。等汉王刘邦到南郑去的时候，韩信就投奔了汉王。

韩信到了南郑，汉王也只给他当个小官。有一次，韩信犯法被抓了起来，几乎要被砍头，幸亏汉王部下一个将军夏侯婴经过，韩信高声呼喊求救，说：“汉王难道不想打天下了吗？为什么要斩壮士?”

夏侯婴看韩信的模样，真是一条好汉，便把他放了，还向汉王推荐。汉王派韩信做了个管粮食的官。

后来，丞相萧何见到了韩信，跟他谈了谈，认为韩信的能耐不小，很器重他，还几次三番劝汉王重用他，但汉王总是不听。

韩信知道汉王不肯重用他，趁将士纷纷开小差的时候，也找个机会走了。

萧何知道韩信逃走的消息，急得跺脚，立即骑上快马亲自去追赶他，追了两天，才把韩信找回来。

汉王听说萧何追的是韩信，生气地说："逃走的将军有十来个，没听说你追过谁，单单地追韩信，是什么道理？"

萧何说："一般的将军有的是，像韩信那样的人才，简直是举世无双。大王要是准备在汉中呆一辈子，那就用不着韩信，要是准备打天下，就非用他不可，大王到底准备怎么样？"

汉王说："我当然要回东边去，哪能老呆在这儿呢？"

萧何说："大王一定要争天下，就赶快重用韩信，不重用他，韩信早晚还是要走的。"

汉王说："好吧，我就依你的意思，让他做个将军。"

萧何说："大王叫他做将军，还是留不住他。"

汉王说："那就拜他为大将吧？"

萧何很高兴地说："这是大王的英明。"

汉王叫萧何把韩信找来，想马上拜他为大将。萧何直爽地说："大王平日不大注意礼貌，拜大将可是件大事，不能像跟小孩子闹着玩似的叫他来就来。大王决心拜他为大将，要择个好日子，还得隆重地举行拜将仪式才好。"

汉王说："好，我都依你。"

汉营里传出消息，汉王要择日子拜大将啦！几个跟随汉王多年的将军个个兴奋得睡不着觉，认为这次自己一定能当上大将了。

等到拜大将的日子，大家知道拜的大将竟是平日被他们瞧不起的韩信，一下子都愣了。

韩信谢过大王，向汉王详详细细分析了楚汉双方的形势，认为汉王发兵东征，一定能战胜项羽。汉王越听越高兴，只后悔没早点发现这个人才，倘若平日多注意团结网罗天下各路志士贤人，岂不早就功成业就了？

韩信拜帅后，征战天下，屡建奇功，终于打败了项羽。"萧何月下追韩信"的故事，也成为贤臣识人、用人、惜人、团结人的千古佳话。

邹长倩良言赠挚友

汉武帝的宰相公孙宏，小时家里很穷。他放猪多年，四十多岁了，才发愤读书，学习《春秋》，学习其他经典。武帝初年，举贤良方正，他应试对策考第一名，拜为博士。

要去长安时，他的近邻好友邹长倩，看他衣帽破旧，就脱下自己的衣服，鞋帽给他穿戴上，还赠送他干草一束、素丝一梳、扑满一个。并分别题词说：“干草虽不值钱，但人们日常生活离不开它。古诗说：‘生刍一束，其人如玉。’意思是：送他一束干草，那人像玉石一样美丽。用此诗赠您，希望您贵不忘贱；“素丝一根一根地织成线，多少线积成了缕，多少缕积成了这一桄。这说明积少成多，积多成大。希望您不要认为是‘小善’而不去做啊！扑满是用土做的陶器，是用它装钱的。它的构造是有入口而没有出口。钱装满了，就把它摔破了取出钱来。因为钱贵重，而扑满不贵重。现在有些当官的收敛百姓的钱，聚而不散，将会得到扑满的下场，可要好好地警诫自己啊！”

“保重吧，别后有山川的阻隔，风霜雨露的变迁，您谨慎从事，建功立业吧，我在家乡听候您的好消息！”

后来公孙宏当了汉武帝的宰相，被封为平津侯。他打开东阁广纳贤明的人，把自己应得的俸禄全拿出来招待宾客食用。自己和家人经常吃粗米穿布衣，不辜负好友的期望，不忘记好友的赠言。

黄霸愿与知己同赴难

黄霸（？—前 51），字次公，淮阳阳夏（今河南太康）人，西汉大臣。

夏侯胜，字长公，东平（今山东汶上附近）人，西汉著名经师，《今文尚书》学的开创人。

公元前 72 年，汉宣帝提议为汉武帝创庙乐——宗庙武乐，来颂扬他的功德。让大臣们展开“讨论”。结论只有一个：应该依照皇帝的命令办事。因为群臣里，奉迎巴结的有，胆小怕事的有，不负责任的有。都人云亦云，随声附和。有歧义吗？有。唯独夏侯胜说：“汉武帝虽然有扩大疆土的功劳，却为此阵亡很多将士，耗尽了国家的人力物力。疆土稳定，他又封禅、祀神、求仙，挥霍无度，使得徭役繁重，百姓流离失所。他对人民没有什么恩惠，不应该为他创庙乐。”

大臣们听了夏侯胜的话，都非常害怕，为避免自己受到牵连，联名上书举报，说：“夏侯胜对皇上旨令妄加评论，对先帝肆意诋毁，实属大逆不道，应予治罪！”夏侯胜闻之，毫无惧色，正言道：“直言不讳，君子之行；随声附和，小人作为。我即言明，死而无憾！”

群臣愕然。丞相长史黄霸挺身而出。黄霸尽管平时与夏侯胜很少往来，但今天听了夏侯胜的诤诤之言，看到他凛然正气，十分敬佩，立时将他视为知己。便上前和夏侯胜站在一起，拉着他的手说：“先生也道出了我的心思，我愿与知己者共同赴死！”顿时，相知恨晚。

创庙乐的事定下来了，而夏侯胜却因犯诋毁罪被抓进了监牢，黄霸也因犯纵容罪入了狱。在狱中，他们谈国事，肝胆相照；议家事，情投意合。黄霸想向夏侯胜学《尚书》，夏侯胜认为早晚要赴死，拒绝了他。黄霸说：“早晨知道了真理，晚上死也永没有遗憾了。”夏侯胜非常钦佩他的观点，便答应了他的请求。寒来暑往，两个春秋过去了。他们对《尚书》的研究，也越来越深入。

后来他们怎样呢？他们没有死，竟双双出了狱。大家都非常敬佩他们那种“交友贵相知”的精神。

“王吉休妻”和“东邻伐树”

西汉宣帝时，有位谏议大夫叫王吉，此人秉性耿直，敢说敢谏。当时汉宣帝宠任外戚（皇帝的丈母亲和外祖母家的亲戚）。外戚的子弟都做了官，还屡屡升职，而这些人差不多没有一个不荒淫奢侈、目中无人的。王吉对这件事很生气，于是就上了一道奏章，建议皇上废除任命外戚子弟的办法。汉宣帝看了王吉的奏章，认为他太古板了，不但不采用他的意见，而且以后干脆不去理他了。王吉碰了个软钉子，无心再为朝廷做事，便推说有病，辞官不干了。

王吉辞官后，在长安城租了一座房子居住。王吉的妻子对丈夫十分敬重，她每天都端来洗干净的大枣让王吉吃。起初王吉以为妻子是从街上买来的枣子，便心安理得地享用。后来他才知道是东边邻居家里有颗大枣树，枝叶茂盛，结满了果实，枝头长过墙这边来了，妻子每天从邻居家伸过来的树枝上摘的枣，给他吃的。王吉是个十分正直，又注重团结的人。他知道了事情真相后非常生气，批评妻子不应该这样做，在盛怒之下，将妻子赶回娘家去了。

东边邻居家听说王吉为此事赶走了妻子，感到过意不去，就拿了把斧子想砍大枣树。

街坊、邻居们纷纷出来调解，王吉只好听从众人的劝解，把妻子接回来了，东邻家也把斧子扔掉了。

王吉和东邻两家，从此更加友好相处了。街坊邻居对王吉和邻居注重邻里团结的美德很敬佩，于是编了一首歌儿来赞美他们，歌中唱道："东家有树，王吉妇去，东家枣完，去妇复还。"

刘秀与王霸的君臣之谊

东汉光武帝刘秀，字文叔，先后推翻王莽、刘玄后称帝。刘秀是一位名垂青史的圣明君主。在他的周围有许多忠心耿耿的臣子辅佐他，工霸就是其中的一位，曾经几次出生入死地帮助刘秀兴复汉室，从此可见他们之间的情深谊重。

西汉末年，外戚王莽篡权称帝，压榨盘剥，搜刮民脂民膏，搞得民不聊生，饥寒交迫。各地都纷纷举旗造反。公元22年，汉朝宗室刘秀在宛县起兵响应绿林起义军。

当刘秀率领起义军路过颍阳时，当地人王霸召集了一些朋友毅然地投奔入伍。刘秀热情地接纳了他们。随后转战各地。刘秀足智多谋，英雄了得，屡战屡胜。王霸随军参战，英勇杀敌，立下了战功。不久，王霸因父亲老弱多病，便辞别刘秀回家侍奉父亲。临别时，刘秀送与王霸许多金银，并嘱咐他安心在家侍奉老爹。刘秀送王霸一段路程，两人洒泪而别。

后来，刘秀带领大军赴洛阳，中途路过颍阳，便亲自去看望王霸。王霸深受感动，并请求父亲让他跟随刘秀离家出征。他父亲说："既然刘将军如此仁义重情，如此器重你，你就应知恩图报，你就去吧，参与国家大事，好好地辅佐刘将军，不要半途而废！"

那时，刘秀还不是最高统帅，被起义军拥为更始皇帝的刘玄，对足智多谋、能征善战的刘秀十分猜疑。刘秀为了躲过杀身之祸，保存实力，便请求刘玄让他到河北去招抚各州郡义军，刘玄答应了。于是王霸随刘秀而去。

风云变幻，前途险恶。那时，更始皇帝的权力还没布及到河北。刘秀此去，凶吉未卜，成败难测。并且长途跋涉，人困马乏，十分劳苦疲惫。但这些都没有动摇王霸的意志，他依然忠心耿耿地保护刘秀。而有不少的随从人员，却担心刘秀成不了大事，而且受不了艰苦。纷纷在半

路上离开刘秀，不告而别。

走掉的人越来越多，人马逐渐稀少。渡过黄河以后，刘秀环顾四周，见身边只剩下王霸和少数几个亲兵，寥寥几人而已。刘秀良久地凝望着滔滔不息的黄河水，凝望着连绵不断的远山，思绪万千，万分感慨。过了许久才转过身来，拍着王霸的肩头，深沉地说："从颍川出来跟随我的人，只剩你一个了，真是疾风知劲草啊！"云天寥廓，秋风萧瑟，刘秀随口吟道："风萧萧兮易水寒，壮士一去兮不复还。"王霸忙说："将军，您还有希望。我们不能气馁，只要将军坚持下去，兴复汉室指日可待！"在王霸的劝说激励下，刘秀信心大增，便催马加鞭向前赶去。

刘秀到达蓟县，还没有站稳脚跟。一天，听说盘踞在邯郸的王郎派兵捉拿他，军兵已到了附近。刘秀连夜仓促南逃。一路上，王霸尽心竭力地卫护，帮助刘秀脱离了险境。后来，王霸又亲自带领军士讨平了王郎。

经过几年征战拼搏，刘秀做了皇帝，成了东汉的开国君主。但他仍然不忘王霸的忠心和才智，更加信任他了。公元 33 年，王霸被任命为上谷太守。王霸也始终不忘刘秀对他的友爱之情和知遇之恩，倍加努力，孜孜不倦，恪尽职守。王霸亲自同士兵们垒土堆石，治隘口，筑亭障。并且冲锋陷阵，身经百战，为巩固和保卫东汉王朝作出了卓越的贡献。

冯异爱护兵士

冯异（？—34）颍川父城（今河南平顶山市）人，字公孙，是东汉时的一位大将，为人好学，熟读《左氏春秋》、《孙子兵法》等书。他作为将军，待人和气，礼让谦虚，关心体恤士兵，与三军将士建立了深厚的战斗友情。

当时，刘秀还未称帝，各地群雄割据。冯异跟着刘秀东征西战，立下了汗马功劳。但他从不居功自傲，对将士们十分和气。在路上与别人相逢，总是命自己的乘车让道，这深得大家的敬仰。每次打仗后，论功行赏，冯异常常把功劳归于别人，特别注意奖掖那些作战勇敢的下级军官和普通士卒。每次激烈的战斗后，他便喜欢坐在大树下，或者看书，或是写字，将士们从心里喜欢他，都亲昵地称他为“大树将军”。

有一次，刘秀带着部队来到饶阳无蒌亭。那时气候寒冷，加上长途行军，众人饥疲交迫，有些支撑不住了。冯异看到这种情景，十分痛惜士卒，便派人烧了一大锅豆粥，端送给大家。士卒一看到热气腾腾的豆粥，大家的眼睛立时亮了，不少人还欢快地喊叫起来：“又热又香的豆粥，快来喝啊!”士卒们争先恐后地喝着，一碗又一碗，直喝得头上冒了汗，饥寒顿时消除了。

还有一次，部队来到南宫县，适遇一场瓢泼大雨，兵士们被浇得像个落汤鸡，冻得瑟瑟发抖。冯异又想方设法找来了木柴，立刻升了一堆熊熊的大火，兵士们高兴地围拢来，烤身子，烤衣服，寒冷为之一扫而光。

冯异这样关心兵士、爱护兵士，兵士们都喜欢他；打起仗来，冯异令行禁止，都听他的指挥，军队战斗力很强，连连打胜仗。

刘秀也很喜欢他，认为像冯异这样能够紧密团结自己周围兵士的将军，是很难得的。在占领洛阳即帝位后，便派冯异平定关中，长期坐镇长安，百姓都称他为咸阳王，有人向光武帝奏了一本，说他的坏话。冯异听到此事很惶恐，给皇帝写奏书申辩说："过去境况十分艰难时，我做事尚且不敢有半点差错；现在天下太平，又赐了爵位，我如何要做不轨之事?"光武帝刘秀看了看奏章，给冯异回了一封诏书说："我你义则君臣，恩如父子，从无嫌疑，何必惧怕!"

公元30年，冯异自长安入朝。光武帝指着冯异对公卿们说："他是我起兵时的主簿，为我披荆斩棘，定关中，为人谦和，善交战友，体恤将士，人们昵称之为'大树将军'!"散朝后，光武帝不能忘怀当年冯异在艰难时刻煮粥举火的深情厚谊，便赏给冯异珍宝、衣服、钱帛，又写了一道诏书："仓卒无蒌亭豆粥，滹沱河麦饭，这厚意好久还未报答哩!"

王昭君出塞

王昭君名嫱，字昭君。西汉南郡秭归（今湖北兴山县）人。《后汉书》载：汉元帝时，容貌艳美的王昭君以“良家子”被选入深宫为待诏。

匈奴呼韩邪是曾两次到中原朝见的单于。

公元前33年，呼韩单于第三次入汉朝，除表示称臣友好外，还特地提出“愿婿汉氏以自亲”的请求。消息传开，深居内宫，寂寞孤独又很有见识的王昭君喜出望外，向皇帝请求甘愿随呼韩邪到塞外并与之为妻。

管事的大臣正在为没人应征焦急，听到王昭君肯去，就把她的名字上报汉元帝。汉元帝吩咐办事的大臣择个日子，让呼韩邪单于和王昭君在长安成亲。

呼韩邪单于得到这样一个年轻美貌的妻子，高兴和感激的心情是不用说的了。夫妻两人向汉元帝谢恩后，高高兴兴地回匈奴去了。于是便铸下了“昭君出塞”的历史佳话。

王昭君在汉朝和匈奴官员的护送下，离开了长安。她骑着马，冒着刺骨的寒风，千里迢迢地到了匈奴。

昭君出塞后，被呼韩邪单于封为“宁胡阏氏”（阏氏，匈奴语为王后，宁胡阏氏即为匈奴带来和平安宁的王后）。汉元帝亦因昭君出塞而将自己的年号由“建昭”改为“宽宁”（长安宁）。为和亲而改元，这在历史上是绝无仅有的。

昭君出塞，汉朝先进的农业生产技术和丰富的物产随之带入匈奴，塞外匈奴盛产的牲畜及畜产品也源源不断地传入中原内地，汉匈之间经济文化交往和友好关系出现了一个崭新的局面。昭君出塞后的五六年间，汉匈之间出现了“边城晏闭，牛马布野，三世无犬吠之警，黎庶忘干戈之役”的和平繁荣景象。

王昭君这一和平友好的使者，远离自己的家乡，长期定居在匈奴，她劝呼韩邪单于不要去发动战争。在促进、维护汉匈友好关系上有着巨大贡献。她和匈奴人民相处得很好，匈奴人都喜欢她。因而昭君受到塞外人们极大的敬重。至今内蒙古地区仍流传着许多关于她的美好传说和故事。昭君死后，人们在一望无际的土默川平原上，为她建造“特木尔苏尔虎”（蒙语：墓）。昭君墓高三十三米，占地面积二十余亩，它北靠巍峨雄伟的大青山，南临奔腾咆哮的黄河，风景优美，十分壮观。王昭君的功绩永垂史册。

荀巨伯舍生取义退胡兵

荀巨伯，汉桓帝时，颍川（今河南登封、宝丰以东一带）人。

这年冬天，荀巨伯冒着严寒，从远道来探视病危的朋友。不巧，赶上胡兵进犯郡城。

荀巨伯远远望见城门大开，乱糟糟的人群，从城里涌出来。一时间，哭天嚎地，甚是凄惨。

荀巨伯愣愣地站在那里，一位匆匆走过来的老人说："兄弟，还不快逃命呢，胡人就要进城了！"荀巨伯谢过老人，穿过人群，拼命往城里挤。

当他赶到友人家里，见友人躺在床上，紧闭着双眼。

巨伯在友人身边坐下来，不停地呼唤着他的名字。好一会儿，友人才睁开眼睛，见是荀巨伯，颤动着嘴唇说：“可把你……盼来了，这不是……梦吧！”说着，二人同时落下泪来。

荀巨伯劝慰了一会儿，友人忽然神色不安地说：“你来得太……不是时候了，胡兵就……要进城了，能看上你一眼就……够了，你快走吧！”说完，闭上眼睛，不再言语了。荀巨伯想：我来得太是时候了……

突然，城外传来了喊杀声，由远而近。友人惊恐地睁开眼睛，颤声说：“快，藏起来……”话音未落，几把雪亮的大刀，同时对准了荀巨伯。好友吓得昏了过去。

“什么人？还胆敢留在这里！”胡兵怒吼着。荀巨伯镇静地说：“远道而来的中原人，来探望病危的朋友！”“人都跑光了，难道你就不怕死吗？”荀巨伯从容地答道：“中原自古讲仁义。杀戮将死的人，为不仁；见人有难而逃离，为不义。料胡人亦是如此。今我愿舍生取义，望你们成全！请杀了我而留下他吧！”说完，闭上眼睛，等死。

“唰”的一声，几把大刀同时插入了刀鞘，胡兵走出屋去。荀巨伯睁开了眼睛，扑向病友……

胡兵头领得知了这件事，感慨地说："看来，我们这些不仁不义的军队，是进犯了一个有道德的国度啊！"于是，下令退兵。

荀巨伯义退胡兵，不仅救了友人，也救了全城百姓，人们交口称赞。

孔融让梨

孔融（153—208）是山东曲阜人，孔子的二十世孙。他是东汉末年三大名士之一，曾做过北海相。他为人聪明好学，才华出众，在文学上成就显著，一生中写过许多散文和诗歌，被誉为建安七子之一。孔融在小时候，就聪慧敏捷，有“异才”之称。孔融在小时候很有教养，他有五个哥哥，一个弟弟。他和自己的兄弟相处得很融洽，处处谦让。

孔融 4 岁时，有一天，大家吃梨，哥哥让孔融先拿，他不挑好的，不拣大的，只拿了一个最小的。爸爸看见了，心里很高兴，就故意问孔融：“这么多梨，让你先拿，你为什么不拿大的，只拿一个最小的呢？”

孔融回答说：“我年纪小，应该拿个最小的，大的留给哥哥吃。”

父亲又问他：“你还有个弟弟哩，弟弟不是比你还要小吗？”

孔融说：“我比弟弟大，我是哥哥，我应该把大的留给弟弟吃。”

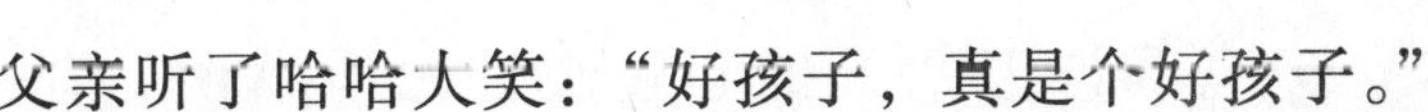

父亲听了哈哈大笑：“好孩子，真是个好孩子。”

孔融4岁知道让梨，上让哥哥，下让弟弟，大家都很称赞他。

刘备责友

刘备（161—223）是三国时期蜀国的建立者。刘备不仅善交朋友，和关羽、张飞结为异姓兄弟。还能诚恳地帮助朋友。刘备和许汜两人推心置腹，无话不谈。有一天，刘备和荆州刺史刘表闲谈，评论当世著名的人物，许汜也在座。当谈到徐州的陈登时，许汜插话说：“陈登的文化教养太低了。总也脱不掉一股粗野人习气。”

“你有根据吗？”刘备诧异地问。

“当然有。”许汜说：“头几年，他在吕布那做事，我去拜访他，他不但不搭理人，晚上他自己睡大床，却让我睡在小床上。”

刘备笑着说："他这样做是对的。"

许汜站起来正要分辩，刘备双手搭在他的肩上，诚恳地说："你在外面的名气大，人们对你的要求也就高了。现在兵荒马乱，老百姓够苦的了。你不关心这些，只打听谁家买肥田，谁家买好屋，尽想捞便宜。陈登最看不起这种人，他怎会同你讲心里话呢？他让你睡小床，还算优待你哩。若是我，就让你睡在地上，连小床也不让你睡。"

刘表大笑说："许汜，你快改掉这毛病吧。"许汜感到刘备是真诚帮助自己，感激刘备批评人不留情面，并表示要改正自己的缺点。

曹操招募团结人才

曹操，字孟德，安徽亳县人，东汉末年杰出的政治家、军事家和诗人。他一生做官四十余年，绝大部分时间是在战争中度过的。他励精图治，三次下令求贤。《令》中说：“自古以来，凡是开国和使国家复兴的君主，哪有不是求得有才能的人与他共同治理天下的呢？而他们得到的人才，却往往来自里巷之中。这难道是侥幸得来的吗？是居上位的人主动寻求的结果。现在国家尚未安康，正是特别需要贤人的时候。你们要帮助我寻求被埋没的人才，只要推举上来，我就任用他们。”曹操在一生政治军事生涯中，非常重用人才，招募人才，团结人才。

曹操的重要谋士荀彧，祖代都起自“布衣”，曹操把他从一个小小的县令破格提拔到中央当尚书令，参与军政大事。郭嘉、温宠原来也都是那里的小吏，后来被曹操提到重要领导岗位上。他们在曹操的统一事业中，都发挥了巨大的作用。

曹操不仅重用出身低微的人，就是过去与他抱敌对态度的人，只要改了，也能一样录用。如“建安七子”之一的陈琳，写得一手好文章，并一度投靠袁绍，袁绍讨伐曹操的檄文就是他写的。檄文中用“赘阉遣丑”等恶语辱骂曹操，还把曹操的祖父和父亲骂了一通。后来曹操打败袁绍，平定河北，陈琳落在曹操手中。陈琳惶恐不安，急忙请罪，以为曹操一定会把他处死。可曹操不但没治他的罪，还安慰他说：“过去的事就算了，只要你为我献计献策就行了。”并任命陈琳做了司空军谋祭酒，把他留在身边掌管文书。后来曹操发表的重要文告，很多都是陈琳起草的。

曹操在官渡之战中打败袁绍时，在缴获的文件档案中，发现很多自己军中和许昌中央政府中的人写给袁绍的私人书信。有人提议要严加追查惩办。曹操却说：“那时

袁绍势力大，我自己的地位都难保，何况部下呢?”下令把这些信件全部烧掉。那些过去与袁绍有私交的官员深为感动，消除了顾虑，后来都积极为曹操的事业效力。

对豪强、军阀，曹操也不是一概排斥。如原属董卓系统的军阀张绰，指挥作战的才能非常出众。他与曹操多次交战，在一次战争中还杀死了曹操的大儿子曹昂，可谓深仇大恨。最后因作战失败，在走投无路的情况下被曹操的部下所俘，他自知性命难保，可曹操不记私仇，仍然让他指挥军队。后来在官渡大战中立了大功，曹操把他和其他有功人员一样对待，封为列侯。

曹操用人不徇私情，即使是自己的儿子也不例外。由于他注重、爱惜、团结人才，使许多有才能的人士纷纷前来投奔。因此，曹操身边出现了猛将如云、谋臣如雨的盛况。

曹操不拘一格选拔人才，对于取得战争胜利，统一国家，安定人民生活，起了重大作用。

诸葛亮集思广益

诸葛亮，字孔明，东汉琅琊郡阳都县（今山东沂县南）人。少年失去父母，在东汉末年军阀混战中，跟随叔父到荆州襄阳（今湖北襄樊）避难。叔父去世后，诸葛亮在襄阳城西的隆中定居下来。这期间，诸葛亮一面读书，一面耕作，广泛交结避难襄阳的名士，纵谈古今，切磋学问，议论天下大事。他常常以春秋战国时期的政治家管仲和军事家乐毅自比，具有远大的抱负。

诸葛亮成为刘备军师后，执法如山，亲疏一视同仁，他在治理蜀汉过程中，在调查清楚事实的基础上，曾果断处理过表面伪装忠厚，阿谀逢迎，骗得刘备信任，背地作

恶多端，野心勃勃，“不倒翁”式的人物张裕，把他拉到

闹市斩首示众；处理过地位仅次于诸葛亮，在实际工作中却弄虚作假，欺上瞒下，玩忽职守，给国家造成重大损失的李严，将他削职为民，流放川北。而对于与自己关系友善亲密，受到自己器重的马谡，造成街亭失守，也挥泪处斩。

他从国家长治久安着想，决心扫荡汉末选人任官的弊端，实行“任人唯贤”，并注意眼睛向下，从下层选拔。采用群才的组织路线。杨洪原是李严的部下，因为很有才能，提拔做蜀郡太守，职同李严。蒋琬，“托志忠雅”，“为政以安民为本，不以修饰为先”，智勇双全，是一位治国安邦的人才，就屡次加以提拔，从县令一直升为尚书郎，并代理过丞相职务。对于战争中的一些降将，也根据德才情况，不计前怨，一视同仁。他把黄忠、马超提拔到同关羽、张飞、赵云同等地位，称为“五虎上将”，征战中不存戒心，尽量发挥他们的作用。

诸葛亮“集众思广忠益”，他建立“参署”制度，设立参谋机构，鼓励部下提批评建议，自己尽量采纳忠言。参军董和，秉性刚强，鄙夷逢迎，敢于直谏，深得诸葛亮赏识。他还专门写了一篇《与群下教》的文件，讲明丞相府设立“参署”制度，是为了集中大家智慧，如果为了避嫌疑，不愿提出驳斥等反对意见，时间长了，事情就办不好，事业就要受损失。如果经常有人提出反对意见，求得正确的方针和方法，就如同丢掉草鞋得到了珠玉。

诸葛亮二十七年如一日成就了蜀汉大业，真正实践了他“鞠躬尽瘁，死而后已”的誓言，他识人才，爱惜人才，善于把各种人才团结在自己的周围，所以他能够令行禁止，运筹帷幄而决胜于千里之外，不愧为治国安邦的贤相，人民世世代代把他传颂。

吕岱诚选益友

吕岱，字定公，海陵（今江苏省泰州市）人，三国时孙吴的将领。吕岱一生屡立战功，80 岁时还统兵作战，享年 96 岁。吕岱不仅以年高领兵出名，更以诚选益友著称。

吕岱的益友是徐原。吕岱很早就认识了吴郡的徐原。几次听徐原慷慨陈词，觉得他是富有正义感的人。后来又经过不断的接触，发现他志向远大，才略非凡，便同他交了朋友。吕岱知道徐原家境贫寒，就带衣物去看望。吕岱认为徐原可成大器，就经常同他促膝谈心，激励他尽忠报国。

在吕岱推荐下，徐原做了官。因为主持正义，又有才能，很快就提拔为监察政务的侍御史。徐原为人心忠胆壮，有话直说。对吕岱更是毫不客气。只要吕岱做事不妥，他就前去劝阻。当面批评，毫不讲情面。语言刻薄，不管你能否接受得了。吕岱呢，认为这是“良药苦口利于病，忠言逆耳利于行”。他把徐原看成是一面不可多得的镜子。他从这面镜子里看到了自己的形象，知道了哪是是，哪是非，避免了很多大的过失。有人不理解地对吕岱说：“徐原对您太不留情了，亏您推荐了他！”吕岱感叹地说：“这正是我尊重徐德渊（徐原）的缘故啊！”

徐原去世了，吕岱哭得十分悲痛。对劝他的人说：“孔子说：‘益者三友……友直（正直的人），友谅（诚实的人），友多闻（见识广博的人）……’徐德渊才真正是我吕岱的益友啊！他死了，我还能从哪里听到自己的过失呢！”

后世人常赞美吕岱和徐原的真挚友情。

孙权关怀属下

孙权（182—252），字仲谋，吴郡富春（今浙江富阳县）人，三国时吴国创始人。

公元200年，年仅18岁的孙权继承父业，步入了政治生涯。当时，政治形势十分严峻，吴国面临着被强敌曹操兼并的危险。孙权勇敢果断，在“赤壁之战”中一举以弱胜强，奠定了魏、蜀、吴三国鼎立的局面。他对吴的统治持续了五十二年之久。

孙权的成功，与他重视人才，关怀属下是分不开的。他对属下无微不至的关怀，是历代帝王中少见的。

吴将吕蒙，在“赤壁之战”中立下了赫赫战功，后又因计破关羽，收复荆州，受到嘉奖。正在孙权准备封吕蒙为孱陵（今湖北省公安县南）侯时，吕蒙得了重病。孙权得知后，立即派人把他接回来，安置在自己的馆舍，精心地对他进行护理，千方百计地给他治疗。医生给吕蒙针灸时，孙权常守候在他的身旁。看样子比吕蒙还难受。随着吕蒙病情的恶化，孙权探视的次数也多了起来。孙权想常看到吕蒙的脸色，又怕劳累他，便叫人在吕蒙病室的墙壁上凿了个洞。这样他便可以随时观察到吕蒙病情的变化，而不致惊扰他。孙权看到吕蒙能吃点东西了，便高兴得和大臣们又说又笑；看到吕蒙脸色不济，就长吁短叹，夜不能眠。

吕蒙的病曾一度好转，孙权高兴异常，并为此颁发了赦免令。大家见孙权如此关怀属下，都十分感动，纷纷前来向孙权祝贺，比过节还热闹。

不幸的是吕蒙久治无效，终于死去。孙权悲痛万分。厚葬了吕蒙，并安置了三百户人家，为他守陵。

周瑜团结部下

周瑜，字公瑾，是三国时期一位文武兼备的青年将军。

在《三国演义》等文艺作品中，周瑜被描写成心胸狭隘，嫉贤妒能的人。但这是文艺作品中的周瑜。历史上的周瑜是个风流儒雅、气度宏大、很能团结人的将领。

赤壁之战前，周瑜被任命为前部大都督，总领东吴的兵马，老将程普因在周瑜部下，心里很不服气，程普认为自己资格老，功劳大。而周瑜还是个青年，不把周瑜放在眼里。

程普经常借故不出席周瑜主持的军事会议，还不断地给周瑜出难题。面对程普的轻慢，周瑜从不计较，对程普依然很尊敬，经常征求他的意见，并努力做好自己的本职工作。

程普见周瑜确实把部队指挥得井井有条，是个难得的将才，心里很佩服，又被周瑜的诚恳态度和宽广胸襟所感动，亲自向周瑜赔礼道歉，二人成了好朋友。他们共同努力，打赢了赤壁之战，奠定了三国鼎立的局面。

后来程普感慨地说："和周公瑾相交，就像喝美酒一样啊！不知不觉之中就醉了。"

管宁割席弃友鄙名利

管宁、华歆都是三国人，他俩是最要好的朋友。同坐在一张席子上读书，一起吟诗，一起写字，一起散步，很是密切。

一次，管宁对华歆说："我们不应该为金钱所吸引，为地位所诱惑。"华歆说："你说得对。只有这样，才能保持良好的品格。"管宁高兴地说："如果能够做到，我们将永远是好朋友。如果谁违背诺言，就抛弃他！"

有一天，管宁与华歆一起在园里锄菜，忽然发现地上有块金子。管宁见了，视为土石，照样挥动锄头。华歆呢，看见那块金子在阳光下闪闪发亮，急忙抓在手里，左看右看，爱不释手。忽然，他想起了管宁的话："不应为金钱所吸引……"才悻悻地扔掉。其实，管宁早在注视着华歆，见了他的举动，很是生气。华歆虽知道管宁生了气，可不以为然，认为太过分了。

又一天，他二人坐在一起读书，忽听门外传来了鸣锣开道声："回避，回避！""噹！噹！"华歆连忙撂下书跑出去看，只见一华衣锦服的人，坐在一辆华盖车上，前呼后拥，好不威风。华歆看哪，看哪，直到没有影儿，还舍不得回书房，愣愣地站在门口，想着心事。

管宁仍然读书，好像什么也没有听见。其实，华歆的行动，早已被管宁看在眼里。

华歆回来后，管宁立即割断了席子，说："你违背了诺言，从今以后，你不再是我的朋友了！"

管宁割席弃好友的故事，反映了他不为金钱地位诱惑的高尚品格，后来他终于成为一个有学问的人。

王祥与王览兄友弟恭

王祥，是晋代琅玡（今山东临沂县）人。

他小时，性情温厚，孝敬父母。母亲死后，继母朱氏对他很不好，多次向他父亲说他的坏话，因此他父亲也不喜欢他，让他干又脏又累的活，但他毫无怨言，更加小心，不惹父亲生气。

王览，是王祥继母生的弟弟，性情爽直，很懂事儿。四五岁时，看见王祥挨打挨骂，他就抱着母亲流泪。到了童年，他经常劝阻母亲不要虐待王祥。他和王祥很友爱，经常在一起，王祥也很喜欢他。

有时他母亲无理地支使王祥干力所不及的重活，他就和哥哥一起去干，这样使母亲停止对王祥的无理支使。

父亲死后，王祥在乡里稍稍有点名气了。这又遭到继母的忌妒。她暗自把毒药放到酒里，想毒死王祥。王览在暗中看出毛病，赶紧到哥哥房中夺回毒酒。这时王祥也看出酒有问题，怕弟弟抢去喝了中毒，于是弟兄俩抢起酒来。继母听到争吵声，赶紧跑来把酒夺回去倒掉。从此以后，每逢吃饭，王览就和哥哥一起吃，朱氏再也不敢在食物中放毒了。

继母死后，徐州刺史吕虔聘请王祥去当别驾。王祥不愿意离开弟弟，想不去就职，王览极力劝哥哥去，并亲自为哥哥打点行装，亲自赶着牛车送哥哥去徐州上任。

后来，王祥政绩清明，得到百姓的赞扬。王览也得到皇帝的嘉奖，并起用为宗正卿官。弟兄俩始终亲密友爱，为当时人所称颂。

石勒不记布衣之仇

石勒（274—333），字世龙，上党武乡（今山西榆社北）人，羯族，东晋时期后赵的第一任国王。

当初，石勒家里很穷，替人耕田。武乡一带兴种麻织布。收获后，麻秆要放在沤麻池里沤。沤过的麻秆，容易剥离，且又十分柔软。邻居李阳与石勒同使一个麻池。二人都很年轻，常常为了沤麻的事发生口角，以至殴打。每次都是鼻青眼肿，遍身泥水。乡亲们也无可奈何他们。

后来，石勒被抓了壮丁，从此杳无音信。石勒走后，李阳常常去照顾他年老的父母，抢累活脏活干，可以说无

微不至。

一天，有人来告诉李阳，说："石勒已经当上赵国国王，都在襄国（今河北邢台）建都了，还要请当年的父老乡亲到襄国去叙旧呢！"末了又说："石勒已经派人来了！"李阳听了，吃惊非小。想起当年的事，惴惴不安。心想：这回可完了，赶快逃跑吧！又一想：跑到哪也逃不出国王的手掌心啊！不如看看风声再说。就跟随着乡亲们去襄国了。

到了襄国，李阳徘徊在赵王宫殿前，不敢进去。乡亲们也为他捏了一把汗，只好先进去了。石勒见了乡亲，嘘寒问暖，十分亲热。当问到李阳时，乡亲们吞吞吐吐地说："他有心事，不敢进殿！"石勒听了，哈哈大笑，道："李阳是个好人，理应请到。至于当年，属于孩儿们之间的区区小事，早已化为乌有了。你们想，一国之君怎能如此心地狭窄，容不得人？连李阳都能不计前嫌，精心照顾我年老的父母，难道我连他都不如吗！"石勒连忙诏见李阳，设宴款待，同他欢饮。拉着他的手说："我从前挨够了你的硬拳头，你也尝够了我的毒巴掌，今天也该和好了！"说完哈哈大笑。李阳也会心地笑了。

石勒留下李阳，任他为参军都尉。

李阳、石勒都能不计前嫌，宽厚待人。然天子不记布衣之仇者，能有几人哪！

邓攸重义弃子保侄

邓攸（？—326），字伯道，西晋平阳襄陵（今山西襄汾）人，东晋元帝时曾任吴郡守，官至尚书右仆射。

永嘉末年，邓攸被石勒军所俘，连同妻子、儿子和侄子同被掳。石勒打算掳他们过泗水北去。

邓攸见岸边杂草丛生，林木茂密，便用刀砍坏了载他们的牛马车，牵着牛马，带着全家，藏在密林中。等石勒的军队过了河，走远了，邓攸才用牛马驮上妻子、儿子和侄子向南逃去。谁知，又遇上了强盗，抢走了牛马，他只得担着儿子、侄子，偕同妻子徒步行走。虽然不停地赶路，但行进非常缓慢。邓攸想：像这样带着两个孩子逃命，很难都保全性命；如果只带一个，或许能幸存。可是，一个是自己的独生子，一个是弟弟的遗孤，舍弃哪个呢？左思右想，横下一条心，对妻子说：“此去江南，远隔万里，很难两全。弟弟过世，若舍侄儿，会断其子嗣。只有舍子保侄了！日后若能幸存，或许能再生子！”

妻子是个深通情理的人，知道此时丈夫的心，比她还难受。她流着泪，说：“他父，大丈夫自古义为先。此刻，也只能舍子取义了……”说完，夫妻对泣。于是，将子弃于荒野。

可是，早晨弃了，晚上又追上来了。邓攸见了，居然将自己的儿子拴在了树上。儿子挣脱着，哭喊着：“爹呀——娘呀——”哭喊声撕心裂肺。他们不敢回头，带着侄儿，抽抽嘘嘘，向前赶路……

“自古义为先”。邓攸弃子保侄的抉择，是与他平素的修养分不开的。没有“载米之郡，唯饮吴水”（自带粮食去吴郡任郡守，只饮吴地的水）的平素，哪有弃子取义的瞬间呢！

李世民与臣下肝胆相照

李世民即唐太宗，今陕西省武功县人。隋朝末年随父李渊起兵。隋亡，李渊称帝，为唐高祖，李世民被封为秦王，任尚书令。玄武门之变后即位为皇帝。他当皇帝以后，能够保持清醒的头脑，从言纳谏，励精图治。

魏征原是太子李建成的洗马官，经常出谋划策，多次劝李建成杀死李世民。“玄武门之变”后，李世民以太子的身份处理政务，把魏征招来骂道：“你为什么挑拨我们兄弟之间的关系?”众人无不为魏征捏着一把汗。魏征却神色自若地说：“先太子若听我的话，必无今日之祸!”他豁出性命，准备被杀头。不料，李世民反而赞扬他的才华和敢于直言，任命他为詹事主簿和谏议大夫。从此，魏征跟随在李世民身边，专门掌管侍从规谏事务。

李世民唯才是举，精于用人。他即位后，大力整顿朝纲，决心治理出一个太平盛世。但是，新朝伊始，百业待兴，朝廷内外，事务繁重，需要人才的地方太多了。早在他当秦王时，就靠心腹大臣房玄龄等人招来许多治国人才。这时，他更认识到选拔人才对治国安邦的重要性。他选拔人才不计较出身和经历。在唐初的大臣中，有不少人出身于不入流的小官吏，如张玄素、孙优伽等。贞观五年，李世民为了使朝廷中的官吏能进献治国大计，从中发现人才，曾发动中央文武百官对政事各抒己见。中郎将常何在书中一下子提出二十多条建议。李世民看奏章写的如此有水平，甚为惊讶，同时又觉得有些奇怪，因为太宗早知常何出身于武夫，平时不学无术，没有多少学问，想知道个究竟，便询问常何。常何直截了当地说：“这不是我写的，是我的客人马周写的。”李世民立即召见马周，把这个穷困潦倒的书生一步步提上来。

李世民用人心正不疑，君臣肝胆相照。他经常用历史上的一些君主因用人多疑，枉杀忠臣，导致君臣关系紧张，直至亡国的事实告诫自己。眼前隋炀帝的教训，是他的一个很好的反面教员。李世民深知猜忌多疑的危害。他认为，对于一个人才来说，要么不用，用则不疑，既用又疑，则必不能尽其才。“玄武门之变”前，为李建成出谋划策的骨干分子都是李世民的死敌，但事变之后，李世民都把他们收为自己的部下，化敌为友，还重用了魏征这样的人。

李世民以至诚治理天下。他认为君臣能够和睦相处，肝胆相照，臣下才能竭忠尽力，有所作为，他说：“一旦国君对大臣怀疑，人们就不敢畅所欲言，下情便不能上达。这样，要求臣下尽忠报国便不可能了。”特别对那些经过长期考验，忠心耿耿的大臣，更要重其大节，不可吹毛求疵，尤其不可轻信谗言，率意惩处，否则后果往往不堪设想。所以李世民对那些在皇帝面前说人坏话，专事攻击别人的官吏，特别警惕。贞观十九年，李世民亲率大军征伐高丽，在洛阳停留。临行前命令房玄龄留守长安，受权处理朝廷一切事务。有一个官员当面对房玄龄说，我要向皇帝告状。房玄龄问他，你告的是谁？此人毫不掩饰地说，我要告的就是你！这件大事，出在皇帝不在朝中的时候，房玄龄不敢隐瞒，便用驿马送他去洛阳，面见皇帝。李世民听说房玄龄有公文送告状人，已经猜出大概，命令卫兵持兵器立于面前，然后引见来人。问道："你走这么远的路来到这里，是告何人？"那人答道："告房玄龄！"李世民厉声喝道："果然如此！好大的胆，推出去斩首！"事后对房玄龄说："你太不自信了，以后遇到类似情况，完全可以自行处理，不必报告！"

李世民既善于用人之长，不求全责备，又注重德才兼备，防止佞臣得道。李世民曾对封德彝说："治国的根本在于得人。我让你们举贤荐能，可至今也没有看到一个。这是为什么呢？"封德彝有点委屈，回答说："不是臣不尽心，而是眼下确实没有治国人才呀！"李世民说："用人如用工具一样，工具各有各的用处。俗话说，坚车能载舟，犁田不如牛。古代圣明贤君都是从当代选拔人才，从来不会在别的朝代选人。只怕你不识才而埋没了当代的人才。”他在注重人的才能的同时，尤其重视官员的品德，他曾说：“朝廷如果选用一个正直的人，所有善良的人都会受到鼓励；如果用一个坏人，佞人便蜂拥而来。”他还认为国君是身躯，臣民是影子，躯干挺直，影子自然不会弯曲；国君是源头，臣民是溪流，只有源头清，溪流才不会浑浊。

由于李世民善于纳谏，精于用人，使国家日益繁荣昌盛，他不愧是历史上的一代杰出君主。

团结友爱的刘君良

刘君良，唐代深州饶阳人。他家几代是孝友世家，讲究团结友爱，父慈子孝，兄弟团结和睦，到他这辈已经是四世同居了。

同族兄弟们都住在一个大家庭里，吃一个厨房的饭，共同劳作，治理家业，一斗粮、一尺布都不私用，真可谓是孝悌力田、礼让成风的大人家了。

隋大业末年，年成不好，谷菜都歉收，社会上人心也不稳定。这时，刘君良的妻子不是个很贤惠的人，劝他分家。他家院子很大，树也很多，由于孩子们都有教养，树上鸟巢很多，鸟也欢聚在这里，为了造成分家的借口和依据，刘君良的妻子偷偷把树上鸟巢里的雏鸟掏出来，互相交换，造成鸟的互斗，悲鸣。家里的人都很奇怪。刘君良的妻子于是造谣劝刘君良说：“天下就要大乱了，你看禽鸟都不安起来，何况人呢？快分家吧！”刘君良也莫名其妙，就和众兄弟商议好，分家另住了。

分开家一个月来，刘君良发觉了鸟不安是他妻子搞的诡计，于是斥责妻子说：“是你破坏了我们的家，你滚开吧！”

妻子走后，他又把众兄弟召集到一起，说明原因，又合到一起住了。这时地方上很乱，乡里的人，无法安居，于是都来依靠刘家，大伙在他家修筑起堡垒来，起名叫“义成堡”。大伙守住在这堡垒里，度过了难关。

唐武德年间，深州别驾（太守的军官）杨宏业专程来刘家访问，他看到刘家有六个大院，共同吃一个厨房做的饭菜。看到全家的子弟们都彬彬有礼，招待他酒饭，使他很欢畅地离开这里.

唐贞观六年，朝廷特下诏书，表彰刘君良孝悌友邻、和睦家庭的高尚品德。

褚遂良勇担风险

褚遂良是唐朝著名的大臣，钱塘（今浙江杭州）人。唐太宗时曾任官累至中书令。贞观二十三年（649）奉太宗遗诏辅佐朝政。高宗即位后，封他为河南郡公，人称“河南公”，任尚书右仆射。

武则天是唐太宗的一个妃子。太宗死后，她削发为尼，与青灯佛影相伴。不久以后，被太宗的儿子李治（高宗）纳入后宫。入宫后，她卑辞恭让，曲意事奉，很快博得高宗的欢心，致使皇后失宠，高宗欲册封武则天为皇后。消息传出后，一些有识之士无不忧心忡忡。曾奉先王遗诏的褚遂良找来了太尉长孙无忌，司空李勣共谋对策，决定入宫劝阻。但这件事会使皇帝发怒，最先进谏言的人危险最大。为国事安宁，他们三人争先提出入宫，大义凛然地承担风险。褚遂良对长孙无忌说：“您是太尉，是太国舅，如果皇帝听了您的话生气了，有所怪罪，皇帝就会有不尊国戚的名声，这是不可以的，因而你不能先去。”这话讲得合情合理，既为长孙无忌考虑，又替皇帝着想，让人无法反驳。随后褚遂良又对李勣说：“您是开国元勋，对国家有功，如果事情进展不理想，皇帝动怒，就让皇帝承担了凌辱功臣的名声，这也是不可以的。”这话说得入理，既要为国家保护功臣，又不能让皇帝声名有损。于是李勣也不得不听从。最后，褚遂良说：“我是个普通人，对国家没有什么汗马功劳，只不过因为先帝特殊的恩遇才有了今天。而且在先帝逝世之前，我又亲自受命于遗诏。今天的事情，如果我不效力，死后有何面目去见先帝呢？”说完，他深深地作了一下揖，毅然入宫进谏。

高宗出于反对意见的压力，终因有所顾忌而暂时放弃了这一打算，但后来褚遂良终因反对高宗册立武后被贬职而死。但其为国事担忧，为同僚担险的忠正刚烈之气为后人所敬仰。

李勉待友以诚

李勉是唐朝的宗室后代，当过开封尉、刺史、节度观察使，最后还当过两年宰相。他一生中最喜好的就是与有才干、有知识的人结交，交朋友他以诚相待，肝胆相照。为朋友尽心竭力，两肋插刀的故事留传至今。

年轻的时候，由于家境贫穷，在客居梁、宋等地读书时，李勉曾和一名太学生同住一个旅舍。两人的关系很好，平日里常常一起谈诗作赋。

一天，那个太学生突然得了急病，卧床不起。李勉看他的病情十分严重，非常着急，忙给他请医生熬药，又给他端水端饭。无微不至地护理那位太学生，不知道的还以

为他们是亲兄弟呢！

太学生的病体不见好转，眼看快要不行了。他趁房内无人，紧紧拉着李勉的手，未说话泪先流，呜咽地说，“你我朋友一场，没想到你对我这么好，这些银子你拿着。”说着，摸出几锭银子交给李勉，又说道：“没人知道我身边藏有这么多银两，我死后请你用这笔钱将我安葬，余下的你就自己用吧！”说完，闭眼死去。

李勉忍着失友的悲痛，遵嘱给亡友举哀，买了棺木、衣衾等物，把他好好安葬了。剩下的钱，他分文未动，都随亡友一起入土。不久，太学生的遗属来找李勉，李勉便和他们一起去给亡友迁葬，取出埋在地下的银两交给他们，并且又拿了自己的银子赠与他们。遗属感动得不知说什么才好。李勉却说：“朋友一场，这是应该的！”

后来，李勉当了大官，结交了一位勤恳能干的密县县尉王晬，可是没多久皇帝下诏要处死王晬。李勉认为自己的朋友王晬没有错处，便暗暗寻查此事，了解到王晬是被人陷害。李勉便上奏皇帝请求赦免王晬，结果王晬被赦免，而自己却被指控执行圣旨不力，召回京师贬官处置。

不久，王晬特来向李勉道谢，跪下就要给李勉磕头，李勉忙扶起王晬说："何必如此，大家都是朋友，当为知己者死，我做的这又算得什么。"后来，他们的关系就更密切了。王晬也不辜负李勉对自己的厚望。他上任龙门县令后，为官清正，办事能干，声誉很好。

李勉在任节度使时，听说李巡、张参两人很有才学，便请他们进幕府任判官。这两人都是名士，李逸待他们始终十分有礼，三人都互相以朋友相称，关系和睦。每有宴饮，李勉都请李巡、张参二人参加。

不久，李巡和张参先后去世，李勉仍然很怀念他们，宴请客人时总给他们空着座位，摆着酒杯和筷子，就像他们俩活着一样。即使在很欢乐的宴会上，李勉看到空座，也不免神色凄恻，回想起往日和两人的深挚友谊和学问切磋，想起两人对自己的帮助，心中便充满了伤感和怀念的感情。

李勉对朋友的态度为众人所知，许多人都以是李勉的朋友而自豪。俗话说：近朱者赤，近墨者黑。李勉以自己的风格和性格来影响别人，同样从朋友那里也得到了许多珍贵的东西。

韩愈和柳宗元友谊深厚

韩愈和柳宗元同是唐代古文运动的领袖，他们之间有着十分深厚的友谊。他俩同朝为官，韩愈为监察御史时，柳宗元做监察御史里行（御史的见习官）。他们经常在一起讨论政事，切磋诗文，尽管有时争论得面红耳赤，可丝毫不影响他们的友谊。当柳宗元因参加王叔文改革而被贬到永州（湖南省枣陵）做司马时，许多过去的朋友因此同他断了往来，但他和韩愈之间的书信却从没有间断，信中倾吐着相互思念的感情，还经常把自己的新作品寄给对方征求意见，对政治、人生等问题也经常交流看法。当观点有分歧时就展开激烈的争论。有时为辩明一个问题，往复许多次信件，争论很长时间。

他俩互相支持。当韩愈因写作《毛颖传》而遭到一些人围攻、耻笑的时候，柳宗元挺身而出，他义正辞严地反击那些嘲笑者说：“你们所喜爱的文章不过是一些模拟、抄袭前人、形式华丽而内容空洞的东西罢了，哪里能识得真正的好文章!”当韩愈提出了“文以载道”的文学主张，要求人们写文章要“言之有物”时，柳宗元不仅赞同这些主张，同时还写了许多论文，进一步充实了韩愈的理论。当韩愈提出了“不平则鸣”的口号，要求写文章敢于揭露现实时，柳宗元便用自己的写作实践积极响应，带头写了大量的“鸣不平”的文章。

柳宗元先于韩愈去世。逝世前，柳宗元给韩愈写了一封长信，托他关照自己的子女。韩愈接到信后，反复诵读，凄然泪下。为了缅怀老朋友生前的功绩，寄托自己的哀思，他赶写出了《柳子厚墓志铭》。

柳宗元死后的第三年，柳州人民为他修了罗池庙宇，并请韩愈为新建的庙宇写碑文。韩愈欣然接受，很快写出了《柳州罗池庙碑》，文中充分表达了对柳宗元的怀念之情。

杜甫与李白的诗情

唐代杜甫是我国历史上伟大的诗人。他长期住在洛阳，他对这儿的豪官富商勾心斗角的风气十分反感。可是，杜甫却在这儿遇到一位他的终身好友、伟大诗人李白。

公元744年初夏，杜甫在洛阳结识了大诗人李白。那时李白44岁，杜甫只有32岁。李白在京师受到高力士、杨玉环等人谗毁，很不得志。

两人初见面，杜甫被李白的风采吸引住了。李白对杜甫的年轻有为也很欣赏。当时，他们俩都对现实不满，因此一见如故。两人的志趣相同，时常在一起吟诗作赋，自得其乐。

那时候，社会上有一种求仙访道的风气。杜甫与李白相约结伴而行去寻找瑶草。两人渡过波涛汹涌的黄河，尽管路途艰险，但他们互助互爱，常常吟诗作句，以苦为乐。他们走到山上的小有清虚洞天，去参拜道士华盖君。可是华盖君已经死去。他们凄凉地望着寥廓的四野，尽管彼此心中有不尽怅然与失望，但他们都互相劝慰对方，最后不得不按原路回去。

这年秋天，他们和另一诗人高适遇在一起了。这三个朋友经常在城里的酒楼饮酒赋诗，各叙心中的愤懑，也谈论着当时的国事，讽刺唐玄宗的醉心声色。渐渐地，杜甫和李白更加了解对方，他们之间的关系更加密切了。

不久，这三位朋友都先后离开长安，各奔前程。

第二年秋天，杜甫和李白又在衮州相遇。他们白天携手同行，寄情于山水之乐。晚上，常常一边饮酒，一边仔细讨论文学上的问题，有时喝得大醉，同床酣睡。他们两人共同度过一段美好的日子，彼此都从对方身上学到了许多宝贵的东西，学业上也有了很大的进步。

不久后，他们又分别了，怀着恋恋不舍的心情踏上人生的新路。杜甫在别后常常想起李白，回忆起往昔与李白在一起的快乐日子，便感慨地写了一首五律：“白也诗无敌，飘然思不群。清新庾开府，俊逸鲍参军。谓北春天树，江东日暮云。”

杜甫住在渭水之滨的长安，把自己比做春天的古树；把漫游江东的李白比做日暮的浮云，诗句充分表达了对远方朋友的思念。

李愬体恤士卒

李愬，唐朝将军，有谋略，善骑射，能诗文，抱负大。元和十一年（816），朝廷任命他为征讨淮西的前线指挥。

安史之乱后，唐朝中央集权更为削弱。内地的各路节度使各占一方，拥兵自重，对抗朝廷的号令。淮西镇是其中较大的藩镇。元和九年（814），淮西节度使吴少阳死，他的儿子吴元济因为达不到继承父亲职位的目的，便自领军务，纵兵焚掠舞阳（今河南中部偏南、洪河上游）、叶（今河南叶县南）等县，威胁洛阳。朝廷多次派兵讨伐吴元济，但唐军统师勾心斗角，懦弱无能，兵士涣散，溃不成军，吴元济十分嚣张。

李愬任淮西前线指挥后，并不急于出兵。他认为，要先把军队整顿好，严明纪律，增强军力，振奋士气，团结一心，使部队具有凝聚力和战斗力。他不摆统帅的架子，经常深入兵帐军营，了解军士的生活状况和疾苦。将士受伤生病，他总是带着礼品，亲自到军营看护、慰问，关心其冷暖，好言好语以示体悯。对于自己的日常生活，严肃检点，简朴勤直，为将士做出榜样。

对于来降的人，李愬不侮辱、不凌虐，总是善言勉慰，让他们自己选择出路。凡愿意回家的，发给粮食布帛。这些降兵降将看到李愬这样宽宏大度、仁爱有加，都受了深深的感动，不愿回家，情愿留下参战。这样，李愬的部队人数增多，战斗力增强了。兵士们都说："跟着李将军，舍命掉头也要往上冲！"李愬的部队面貌大变，兵士们相助相爱，团结协力，军威远震。

李愬准备了半年，经朝廷批准，终于发动了对吴元济的总攻击。在一个天寒地冻的风雪之夜，他率领骑兵夜行一百三十里，千军万马，步调一致，秩序井然，军士各个摩拳擦掌，斗志昂扬，如同大江巨潮冲向吴元济的老巢——蔡州（今河南省汝南）城下，城内百姓为之呼应。敌军众叛亲离，节节退败，弃城西窜。黎明雪停之时，李愬部队攻破吴元济外宅，蔡州官吏惊呼大嚷："城攻破了！"吴元济懵懵懂懂地以为手下将士来向他索讨御寒的冬衣呢！直到他亲耳听清传递李愬的号令时，才如梦初醒。在贴身侍卫的保护下，爬上院墙，准备逃命。这时，李愬的千军万马已把院墙围得水泄不通，军士齐声呐喊，声震天地，如雷电轰顶。吴元济狼狈不堪，战栗不已，走投无路。唐军给了他一把梯子，他只好乖乖地爬下，束手就缚。淮西的其他部队闻讯，也都投降归顺了。

李愬部队进城。大雪初霁，晴明寥廓，刀枪闪亮，军威肃然。百姓们听说官军平定了蔡州，活捉了吴元济，都纷纷走出宅院，奔向街头，额手称庆，欢迎官军。送水的，献酒的，敬鱼肉的，络绎不绝，塞满路口，感激李愬为民除害，并交口称赞李愬训练的官军号令一致，众心齐力，深得民心。当时，大诗人刘禹锡得知这一消息，写了

《平蔡行》诗三首，诗中有两句写道："路旁老人忆往事，相与感激皆涕零"，团结战斗，为民除害的部队，才能赢得如此的赞美啊！

李白和晁衡

晁衡原名阿倍仲麻吕，698 年出生于日本奈良。自小酷爱汉文学。717 年（唐开元五年），正是晁衡 19 岁的那一年，他被朝廷选为留唐学生，随遣唐大使来唐都长安学习。

到达长安不久，晁衡被安置在唐代最高学府国子监太学里学习。太学里集聚着许多富有才华的中外学生，在学习气氛甚浓的环境里，晁衡专心攻读周秦以来的封建经典，并以优异的成绩，博得了唐朝廷许多学者的青睐。753 年任秘书省的秘书监（相当于当今国立图书馆馆长一职）。

晁衡在唐期间，正是我国诗人辈出，诗歌创作极为繁荣的时期。李白和晁衡年龄相仿，学识相当。李白十分钦佩晁衡谦虚好学和良好的汉诗修养，二人一见如故，友谊极深。

晁衡在唐生活十八年后的753年11月15日，偕同藤原清河（日本天皇遣唐第十次使团团长）等人离长安，经扬州、张帆东归。21日船行至冲绳岛北部，天气骤变，航船遇难，一百七十多人遭难，幸存者仅晁衡、藤原清河等十几人。消息传至唐朝，大家误以为晁衡也已遇难身死。李白听后，不禁失声痛哭，还写了《哭晁卿行》，来悼念晁衡：

日本晁卿辞帝都，征帆一片远逢壶。

明月不归沉碧海，白云愁色满苍梧。

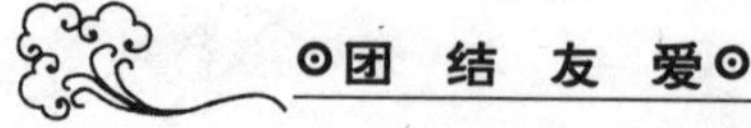

晁衡等人历尽艰辛，最后又重返长安。以为他已死去的李白及朋友们见他活着回来，欢喜若狂。晁衡自日本来唐至埋骨盛唐，在中国度过了五十四个春秋，李白与晁衡的友谊至今传为佳话。1977 年 5 月，东京上演了著名剧作家田义贤编写的，歌颂李白与晁衡，中日友谊的话剧《望乡诗》，受到人民的喜爱。

魏万追寻李白三千里

李白（701—762），是唐代著名的大诗人，被人们称为写诗的“神仙”。

李白42岁那年，被唐玄宗召进长安，任命为翰林学士。李白来到京城本想帮助皇帝治国安民，干一番事业。可是他在长安呆了二年，亲眼看见皇帝整天吃喝玩乐，把国家大事都交给几个奸臣去办，感到很失望。

李白是个有骨气的人，从来也不肯低头弯腰去巴结那些有权有势的大官僚。这些奸臣恨透了李白，就经常在皇帝面前说李白的坏话，终于把他挤出了长安。

李白被朝廷变相地赶出长安后，他原来结交的一些势利朋友马上换了一副脸孔，不理他了。然而有个年轻人叫魏万，仰慕李白的诗才，不顾世俗偏见，非想结识这位名满天下的诗人不可。李白出了长安，遍游祖国名山大川，写下了不少壮丽的诗篇。魏万踏着诗人游踪，马不停蹄，足足追了三千里，终于在广陵见到了李白。两人一见如故，谈得很投机。以后两人一同游赏自然风光，切磋诗歌艺术，成了一对知心朋友。魏万说："一长复一少，相看如兄弟。"李白说："相逢乐无限！"

大诗人李白见魏万诚挚忠厚，年轻有为，特别高兴，因此不仅托魏万照顾他的儿子明月奴，还把自己的全部诗稿交给魏万，让他编成集子。后来魏万中了进士，他不负重托，编出了《李翰林集》，自己还饱含热情地为诗集写了一篇序。

魏万编的李白诗集早已散失，但他的那篇序却一直流传到今天，成了他俩友谊的见证。

韦皋与郑回

在唐代复杂的民族纠纷中，有两个善于化干戈为玉帛，促成民族团结的出色人物。一个是唐朝剑南西川节度使韦皋，一个是南诏清平官郑回。二人对恢复唐同南诏的友好关系，稳定西南地区的局势，推动这个地区的和平和发展，起过巨大的作用.

唐同南诏交恶，从唐玄宗天宝七年（748）起，历时四十六年之久，双方都尝过因交恶而造成的苦果。直到唐德宗贞元十年（794），在韦皋、郑回的努力下，才尽弃前嫌，修复旧好。

南诏，是唐代云南地区蛮族建立起来的地方政权，其王姓蒙，蛮族称君长为“诏”。云南原有六诏，即蒙嶲诏、越析诏、浪穹诏、邆赕诏、施浪诏、蒙舍诏。蒙舍诏在云南的南方，故又称南诏。六诏各有君长，互不统属，各自拥有部落。南诏最强，兼并了其余五诏，建立起地方政权。南诏原属剑南西川节度使属下的云南太守（驻地姚州）管辖。

在开元以前，南诏的历代君长都同唐朝友好，并受唐朝册封。皮逻阁继位后，得唐助力，消灭云南其他地方势力，逐步控制了这个地区。以此，唐玄宗封他为云南王。但从此以后，皮逻阁骄傲自大起来，由于双方的利益问题，南诏同唐产生了不可调和的矛盾。到天宝年间，皮逻阁死，其子阁逻风继位，南诏同唐的矛盾进一步激化。阁逻风叛唐归附吐蕃，自立国号为“大蒙”。天宝十二年，杨国忠执政。唐已大乱在即，却向全国征兵，派侍御史李宓统大军征讨南诏，前后两战皆败，死亡近二十万人，天下骚乱。而南诏许多地方也遭到唐兵的极度破坏，双方损失严重。不久，“安史之乱”爆发，唐无暇顾及西南，南诏便乘机攻陷嶲州。其后，又多次同吐蕃攻破唐州、县，夺去大片土地。

到唐代宗大历十四年（749），时阁逻风已死，孙异牟寻继位。吐蕃又约南诏合兵十万，进攻唐剑南地区，被唐大将李晟打败。唐军乘胜追击过大渡河。吐蕃、南诏几乎全军覆没。经过这次惨败后，异牟寻非常后悔，深深感到依附吐蕃的遗害。从此，吐蕃同南诏的关系出现裂痕，唐同南诏复交有了转机。远见卓识的韦皋和郑回便抓住这个时机，促成南诏同唐和好。

郑回，天宝年间进士，曾任唐西泸县县令，南诏攻破嶲州时被俘。因有学问，深得阁逻风器重，被任命为王室教师。异牟寻继位后，以郑回为清平官（丞相），从而成了举足轻重，最得信任的重臣。郑回曾劝异牟寻弃吐蕃归唐，并分析了归唐的益处。异牟寻觉得他的话有道理，便产生了归唐之意。这时任剑南西川节度使的韦皋，听说南诏有归唐之意，便乘机进行运动，促成其事。

韦皋，字武成，唐代京兆（今陕西西安地区）人，是一个颇有才能的地方长官。贞元元年（785），韦皋被任命为剑南西川节度使（简称剑南节度使），到任后，认为“云南蛮众数十万与吐蕃和好，蕃人入寇，必以蛮为前锋”，对唐威胁甚大，要保障西南安全，必须争取南诏附唐，使吐蕃失去援助。韦皋听说南诏有意归唐，便通过蛮族人寄信给异牟寻，主动和他联系。贞元七年（791），韦皋又秘密寄信给异牟寻，劝他背弃吐蕃，归顺唐朝。在韦皋反复诚恳地劝导下，又有郑回的支持，异牟寻决心归唐。唐德宗贞元九年（793 年）四月，异牟寻召集众酋长商议后决定，一面致书韦皋，表明自己归唐的态度，一面派遣使者，拿着以前韦皋寄给异牟寻的信，分道去长安，同唐朝廷商议归附的事。使者到长安后，向唐朝廷献上方物（地方特产），并转达异牟寻“请归大国，永为藩国”的请求。唐德宗非常高兴，赐诏书嘉奖异牟寻，同时命令韦皋派专使赴南诏议和，韦皋便以崔佐时为使，到南诏国都阳阻咩城（又叫羊咀咩城）。异牟寻“设位陈灯烛”，迎接唐使者。其时，为稳定异牟寻的归唐决心，郑回给崔佐时出了不少主意，使议和顺利进行。贞元十年正月，双方代表在点苍山神祠会盟，宣布两国正式结盟。从此，南诏归附唐朝，异牟寻去掉吐蕃给的帝号，接受唐的封号。两国消除数十年积怨，和睦相处。后来，南诏多次出兵配合韦皋指挥的唐军，大败屡次入侵唐境掳掠和欺压过南诏的吐蕃，取得空前未有的胜利。

南诏同唐结盟，使唐多了一个盟国而少了一个敌国，从战略上孤立了吐蕃，从而更有力地打击吐蕃的入侵，保障西部边境的安全。南诏则摆脱了吐蕃的控制和征敛，取得和平发展的机会。从历史上看，南诏同唐和好，加强了云南地区同内地的联系，对促进这个地区的经济文化繁荣和发展，起着重要的作用。韦皋、郑回促成南诏同唐复交，无疑是他们在特定的历史条件下，作出的卓越贡献。

宋仁宗与辽道宗的友情

一部宋辽交往史，并非总是刀光剑影，你征我伐，也有相当长的一段时间，两朝相安无事、礼尚往来。甚至两朝之间，也不乏友情。值得一提的是宋仁宗赵祯与辽道宗耶律洪基之间的友好关系。

耶律洪基当太子时，因仰慕宋朝的山川、风土、人物、文化，有一年混在辽朝使团中悄悄进入宋朝境内前往宋都汴京。宋朝边防的雄州守将认出了耶律洪基，忙把这个情况逐级报告了上去。宋仁宗得报，很重视辽朝太子的来访，特地将耶律洪基接到皇宫中，与皇后一起热情款待了他。临别，宋仁宗还恳切地对耶律洪基说："吾与汝一家也，异日唯盟好是念，唯生灵是爱。”使得年轻的耶律洪基十分感动。

至和二年（1055），辽朝的兴宗皇帝去世，耶律洪基继位，是为辽道宗。辽道宗登基不久，就派使臣向宋朝表示：希望得到宋仁宗的画像。宋朝的一些大臣怀疑辽朝不怀好意，是想用“厌胜之术”即巫术来咒害宋仁宗，因而反对向辽朝赠送画像，宋仁宗却有把握地说：“必不然。”欣然派遣御史中丞张升赴辽赠送自己的画像。张升到达辽朝都城燕京时，辽道宗亲自排列仪仗出宫，隆重地迎接宋仁宗的画像。

嘉庆八年（1063），宋仁宗逝世。当宋朝使者把噩耗报告辽道宗后，辽道宗悲痛得掉下泪来，他拉着宋朝使者的手感慨地说：“四十二年不识兵革矣！”为了悼念宋仁宗，辽道宗命人将宋仁宗穿过又赠送给他留念的衣物埋葬成一座“衣冠冢”，还将宋仁宗的画像长期供奉在辽朝皇宫内。

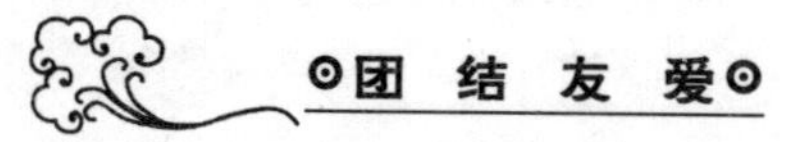

王缮急人之难

司马郎中王缮，宋朝潍州（今山东潍县）人，致力于研究《春秋》三传，曾中进士。后调到沂州（今山东临沂）任录事参军，在这里，他与一位任司户参军的鲁宗道相识，成为好友。鲁宗道家中人口多，又很贫穷，还经常领不到每月应得的俸禄，所以王缮经常不断地接济他。一次，鲁宗道家中有事急欲用钱，无奈，只好恳求王缮从俸钱中借一些给他。

由于鲁宗道平日里对部下管束极严，因此库吏怀恨在心，向州官告发了他私借俸钱的事，州官要将鲁宗道和王缮一并弹劾。王缮对鲁宗道说："你就把过错都推到我的身上，你自己不要承担责任。”鲁宗道怎能忍心这样做，他对王缮说：“因为我家贫穷而向你私借俸钱，过错是由我引起的，你是无辜的，怎么能让你替我承担责任呢？”王缮开导他说：“我这个人碌碌无为，是个胸无大志的平凡之人，我获罪没有关系。何况，把官钱私借给别人，这个过错也不至于到免职的地步。而你年轻有为，豪爽正直，是朝廷的栋梁之材，不要因承担这点小错而影响你的远大前程。况且，我们二人同时获罪，毫无意义。”王缮的一席话，表现了他处处为别人着想，宁肯牺牲自己，也要帮助别人的优秀品质。

在王缮的一再劝说和坚持下，终于开脱了鲁宗道，而全由王缮独自承担罪责。事后，鲁宗道非常感动，而又惭愧得无地自容。王缮却一如既往，毫无怨言。但因此事王缮得到的是“沉困铨管二十余年”，一直未能得以提升官职。

王缮到晚年时，因有人推荐，被召到吏部述职答对，状其功过，在他的奏章中提到鲁宗道的姓名。这时的鲁宗道已经升了官。正侍立在宫内大殿中。仁宗皇帝问他：“这里的鲁宗道是你吗？”鲁宗道就将此事原委细细讲给皇帝。仁宗皇帝感叹说：王缮真是位仁厚的长者啊！

从此，王缮屡次得到提升，田园丰腴，子孙繁茂，晚年生活很幸福。

在封建社会里，像王缮这样为别人前程着想，主动承担罪责，不计个人得失的精神，实在难能可贵。

欧阳修与王安石的终生友谊

欧阳修和王安石都是北宋时期著名的文学家和政治家。

当初王安石考中进士以后，在扬州任职，此时欧阳修已名满天下，在京城开封任龙图阁学士。一天，王安石的好朋友曾巩带着他的几篇文稿向欧阳修推荐。尽管王安石和欧阳修的地位相差非常悬殊，但欧阳修对这位青年的文稿还是非常赏识。他把这些著作收在编录佳作的《文林》里，向社会推荐。又通过曾巩关照王安石，要他的思路再开放一些，不要生造词语，力戒模仿。

王安石被调京任职以后，这两位朋友才得见面。欧阳修在高兴之余，写了首七律《赠介甫》（王安石字介甫），说自己虽雄心尚在，但年纪已大，力不从心了。希望王安石刻苦努力，写出超过前人的文章来。随后王安石也写了首《奉酬永叔见赠》的七律诗回赠，感谢欧阳修的关怀和礼遇，表示绝不辜负期望。

两人的友谊一直持续到晚年，并经受住了政见不一的严峻考验。王安石执政时推行新法，欧阳修不赞同，经常发生激烈的争论。但欧阳修却一直爱护着王安石，王安石一直很尊敬欧阳修。欧阳修去世，王安石亲自撰写祭文，表达自己沉痛悼念之情。

讲友谊而不无原则地随和，明是非又不影响情谊，这是多么难得呀！

朱熹与陆九渊“论敌”相亲

南宋时期，朱熹（1130—1200）和陆九渊（1139—1192）是当时一对“论敌”。

朱熹是婺源（今江西婺源）人，他是继孔子以后在我国封建社会里影响最大的唯心主义哲学家。他的学问很渊博，著作很多。他的语录、文章和一些专著，被后人编辑为《朱子语类》、《晦庵文集》、《朱子遗书》和《四书集注》等。朱熹哲学思想体系中的基本范畴是“理”。他认为“理”是万物生成的木源，而“气”则是构成万物的材料。他说：“有理而后有气。”

陆九渊是抚州金溪（今江西金溪）人，是一个主观唯心主义的哲学家。他提出“心即理也”的理论，认为“心是天地万物的本源”。他说：“四方上下曰宇，古往今来曰日宙，宇宙便是吾心，吾心即是宇宙。”朱熹和陆九渊这两位当时颇有影响的学者，学术观点针锋相对，常常发生争论，唇枪舌剑，据理争论，互不相让，各持己见，争论了十几年没有个结果。1176 年陆九渊和朱熹在江西信州（今上饶）鹅湖寺进行了一场大辩论，这就是我国哲学史上有名的“鹅湖之会”。朱熹把封建的伦理纲常说成是客观存在的天理；而陆九渊，则把封建伦理纲常说成是人所固有的本心。但他们的争论根本目的都要人民安于现状而不要起来反抗。

在教育学生上二人也是见解不同。朱熹旗帜鲜明地提出了自己的见解：“要教育学生明白道理，必须多读书。”

陆九渊针锋相对地提出：“道理存在于人们的思维中，书读多了反而糊涂。”

朱熹不同意这种观点，拍案而起：“学习不破万卷书，怎能有出息？”

陆九渊简直怒发冲冠了，他坚持说：“书籍堆积如山，何年何月才能读完？”

这场争论，两人都声高颜厉，面红耳赤，争吵得不可开交。但是朱熹和陆九渊哲学思想和治学思想上的分歧，无数次的争论，并没有妨碍他们之间的友情。反而在争论中加深了友谊，成了论敌相亲的好朋友，他们两人互拜为师，互相学习，互相帮助，取长补短，完全没有门户之见。

后来，朱熹在庐山脚下办起了“白鹿洞书院”，他不但自己亲自讲学，还热情邀请陆九渊前来为学生讲学。而“论敌”陆九渊便欣然前去讲学，他深刻细致地剖析当时科举制度的种种弊端，使许多身受其害的学生很受教育，有的竟痛哭流涕，悔恨莫及。而朱熹对他的讲课非常赞赏，还将陆九渊的治学警句镌刻在石碑上，立于“白鹿洞书院”门口。

朱熹与陆九渊“论敌”相亲，千百年来被人们传为佳话。